gutes leben

bene!

Jutta Hajek

Siehst du die Grenzen nicht, können sie dich nicht aufhalten

Eine blinde Familie
beweist, dass man
jedes Hindernis
überwinden kann

Dieses Buch beruht auf wahren Begebenheiten. Es entspricht jedoch nicht in jedem Detail der Realität, da die Erinnerungen der Hauptpersonen – Maria, Josef, Stefan und Christof Müller – individuell gefärbt sind und beim Erzählen einige Episoden frei nachempfunden wurden. Die meisten Namen wurden geändert, um die handelnden Personen zu schützen.

Jutta Hajek

DAS WAR KNAPP 9

MARIECHEN 11
Heller ist besser 11
Wenn sie dich holen 13
Die nehmen wir net mit 24
»Kannst mich mal« 30
Frankfurter Wecker 40
Vogel, friss oder stirb 46
Die Nitribitter 53
Rin, rin – egal wie 56
Patron der Schlappsäcke 61
Eins ist keins 81

STEFAN 90
Mount Everest 90
Silber 101
Du oder keine 112
Ich bin bereit 119
Drei Wünsche frei 128
Wenn jeder gibt 141
Sambia 142

INHALT

CHRISTOF 147
Apfelkuchen und Pflastersteine 147
Dazugehören 153
Schneeballeffekt 161
Wie im Krimi 168
Ganz normal 177
Die zufriedenste Lebensweise 189
Frauen in die Küche 192

JUTTA 200
Leben, das stärker ist 200
Guck doch 212
Nachwort 217
Danke 219

Hilfreiche Websites 220
Quellennachweis 221

DAS WAR KNAPP

Die Stiefel knirschen auf dem Sand in der Auffahrt. Zwei Männer. Sie schlagen mit ihren Fäusten an die Haustür und rufen laut: »Aufmachen.«

Die Tante, von den Kindern nur Godi genannt, öffnet die Haustür einen Spalt, schaut misstrauisch auf die Uniformen, bevor sie die Tür ganz öffnet, und kommt zögernd heraus.

»Guten Morgen. Was wollen Sie?«

»Wir kontrollieren.«

»Was denn?«, fragt sie forsch zurück. »Lisa, guck mal, die zwei Herren wollen was kontrollieren«, lacht sie ihrer Schwester entgegen, die inzwischen ebenfalls herausgekommen ist.

»Es wurde Anzeige erstattet, dass hier ein blindes Kind ist.«

Vorsichtig schielt die Godi in Richtung Innenhof, wo Mariechen, die fünfjährige Tochter ihrer Schwester, mit den Nachbarskindern spielt. Mariechen ist nicht blind, nur stark sehbehindert und ihr Liebling, weil sie Godis stotternden Sohn immer in Schutz nimmt.

Mariechen, du sollst nicht lügen, aber du darfst nie sagen, dass du nicht gut siehst. Wenn sie dich holen, sperren sie dich ein.

Wie oft hatten sie das dem Mädchen eingeschärft. Ist es umsonst gewesen? Ist es jetzt so weit?

Die Männer schauen der Tante ins Gesicht, warten auf eine Antwort. Zum Glück drehen sie den spielenden Kindern, die inzwischen mitbekommen haben, dass etwas nicht stimmt, und gespannt herüberstarren, den Rücken zu.

Die Godi macht eine unauffällige Handbewegung in Richtung der Kleinen, als wolle sie eine Fliege verscheuchen. Die Männer bemerken es nicht. Die Tante kann nur leise beten, dass Mariechen versteht, was sie ihr sagen will. Wenn sie es denn gesehen hat. Eigentlich kaum möglich, so schlecht, wie ihr Augenlicht ist.

Doch das Wunder geschieht. Mariechen begreift sofort. Sie schlüpft in ihre Schuhe, die sie zum Spielen ausgezogen hat, und saust zum Hoftor hinaus, so schnell die kleinen Füße sie tragen.

Als sie um die Ecke biegt, hört sie ihre Tante noch sagen: »Also, wenn Sie hier ein blindes Kind finden, dürfen Sie es mitnehmen.«

Heller ist besser

»Das ist der Daumen, der schüttelt die Pflaumen,
der liest sie auf,
der bringt sie nach Haus,
der leert sie aus,
und der Kleine,
der isst sie alle auf.«

Mama hat mich im Kinderwagen mit nach draußen genommen. Sie hält mir ihre Hand vor die Augen, wackelt mit einem Finger nach dem anderen, während sie mir den Reim vorsagt. Die Sonne scheint mir ins Gesicht; ich strecke meine Arme in die Höhe, drehe meine Händchen hin und her und lache, wenn Mama ihre Finger bewegt.

Wenn ich draußen bin, wo die Sonne scheint, kann ich Umrisse erkennen. Hier spiele ich am liebsten. Wenn ich in der Küche auf der Eckbank im Halbdunkel sitze, werde ich still. Ich bin noch kein Jahr alt.

»Das Kind hat was mit den Augen«, sagte Mama zu ihrer Schwester.

Das hat sie mir später haarklein so erzählt. Es war das erste Mal, dass sie merkte, dass ich nicht war wie alle anderen, weil ich nicht richtig sehen konnte.

Wir wohnten im Erdgeschoss des großen Bauernhauses, das meine Patentante von ihren Eltern übernommen hatte. Wir Kinder nannten sie die »Godi«. Wenn man zur Haustüre hereinkam und in den Flur trat, ging man direkt auf die Küche zu. Links neben der Küche lag unser Schlafzimmer. Papa, Mama, meine drei Jahre ältere Schwester Anneliese, Rita, drei Jahre jünger, und ich – wir alle schliefen in diesem Zimmer: vier Betten nebeneinander, dazu eine Frisierkommode und ein Schrank mit Anziehsachen.

Auf dem Schrank standen Gläser mit Kirschen, Mirabellen, Apfelmus, Erbsen und Karotten. Äpfel und Kartoffeln kamen ins »Äbbelbett«, auf die Regale in dem Vorratslager unter der Küche. Einen tiefen Keller gab es nicht, weil das Haus nahe am Bach stand. Den Lagerraum nutzten Mama und ihre Schwester gemeinsam. Mama half manchmal bei anderen Familien im Garten oder auf dem Feld, und was sie geschenkt bekam, kochte sie ein, wenn wir es nicht gleich brauchten. In der Küche wurde gegessen, gespielt und gebadet. Am Samstag kam die große Wanne herein; Mama wärmte auf dem Kohleherd Wasser, und dann schrubbten sich mindestens zwei von uns darin, bevor sie es wechselte.

Die Godi und ihr Mann wohnten mit ihren vier Kindern im ersten Stock. Sie hatten zwei ältere Töchter und Zwillinge: ein Mädchen und einen Jungen. Der Bub stotterte.

1939 – ich war gerade zwei Jahre alt – brachten meine Eltern mich ins Krankenhaus, um meine Augen untersuchen zu lassen. Die Krankenschwester zog mir die Kleider aus. Ich musste für Untersuchungen bleiben und Krankenhauskleider anziehen. Meine Sachen gab die Schwester meinem Vater mit. Nach zehn Tagen durften mich meine Eltern wieder abholen.

Als sie kamen, baten die Ärzte sie zu einem Gespräch. »Sie ist blind«, erklärten sie meinen Eltern.

»Nein«, wehrte sich meine Mutter, »das stimmt nicht. Sie sieht etwas.«

Sie wusste, wie gefährlich eine körperliche Behinderung im Dritten Reich war. Das war der Grund, warum sie beweisen musste, dass ich nicht blind war. Also knipste sie die Taschenlampe an, die sie mitgebracht hatte, und legte sie in eine Ecke auf den Boden. »Mariechen, bring mir die Taschenlampe«, befahl sie. Weil sie hell leuchtete, fand ich die Lampe schnell. Der Arzt notierte, dass ich nur einen Sehfehler hatte, und wir durften nach Hause.

Doch was sollte ich anziehen? Meine Kleider hatten meine Eltern mitgenommen – und vergessen wieder mitzubringen. Da ging Papa in den Ort und kaufte ein Leinenkleid für mich. Es hätte einer Sechsjährigen gepasst. Papa sorgte vor. Pudelnackt steckte er mich in das viel zu große Kleid, band es unten zu und nahm mich Bündel auf den Arm. Meine Eltern wussten sich immer zu helfen.

Wenn sie dich holen

Papa musste weg. Das Deutsche Reich hatte den Krieg gegen Polen begonnen, und Hitler brauchte Männer zum Kämpfen. Papa war eigentlich Schneider. In Bad Kreuznach wurde er zum Soldaten ausgebildet. Ich war gerade drei Jahre alt, als er gehen musste.

Die Godi unterstützte Mama, die nun mit uns drei Mädchen alleine war. Mama half ihr mit Näharbeiten, darin war sie gut. Beide versuchten, mir alles im Hellen zu zeigen, und behandelten mich wie ein normales Kind. Mama erzählte öfter, dass sie mir, als ich drei war, vorschlug: »Du kannst im Schuppen Holz holen.« Sie zeigte mir, wie ich die Scheite für den Ofen in einen Weidenkorb schichten und dann in die Küche tragen sollte. Ab diesem Tag war das meine Aufgabe, und ich wurde stärker und stärker.

Übermütiger auch. »Ihr sollt mich mitnehmen«, bettelte ich bei Anneliese und den Nachbarsmädchen: »Ich will das auch ausprobieren.«

»Na gut, heute nehmen wir dich mit«, versprach meine ältere Schwester. Mama und die Godi waren einkaufen gegangen. Hinter dem Haus lag unser Garten, daneben ein Misthaufen, auf dem immer schwarze Käfer krabbelten. Zwischen unserem Grundstück und dem gegenüber floss ein Bach. Darüber hatten die Erwachsenen eine Holzbohle gelegt, eine Verbindung zu den Nachbarn, deren Garten tiefer lag. Wir schoben uns zu viert, eine nach der anderen, Hand in Hand, die Füße quer auf dem Brett, Richtung anderes Ufer. Die vier Meter lange Bohle bog sich unter unserem Gewicht und schwankte wie eine Hängebrücke.

Da wurde mir schwindelig, ich verlor das Gleichgewicht und riss die anderen fast zwei Meter tief in den Bach. Genau als Mama und die Godi heimkamen, krabbelten wir mit tropfnassen Haaren und dreckigen Kleidern die Böschung hoch. Anneliese hat Peng – also Schläge – für uns alle gekriegt, weil sie die Älteste war.

»Gut sein ist brüderlich, zu gut ist liederlich«, hieß Mamas Motto, und danach hat sie gehandelt.

Sie konnte aber auch weich sein. An Winterabenden, wenn wir im Dunkeln in unseren Betten lagen und uns aneinanderkuschelten, erzählte sie uns Geschichten von Räubern, Zauberern und Feen, die in unserem Wald lebten. Sie dachte sich immer neue für uns aus. Wir durften in dieser Zeit abends

kein Licht anschalten, damit die Flieger uns nicht fanden und
die Bomben uns nicht auf den Kopf fielen.

Mariechen saß auf einem Stein,
einem Stein, einem Stein.
Da ging die Türe, klingeling.
Da trat der böse Ritter ein.
Der Ritter zog den Säbel raus.
Da ging die Türe, klingeling.
Da trat die liebe Mama ein:
Mariechen, warum weinest du?
Ich weine, weil ich sterben muss.
Der Ritter steckt den Säbel ein.
Jetzt lasst uns alle lustig sein![1]

Ich war etwa sechs Jahre alt, saß im Klohäuschen und sang.
Dabei hielt ich mir die Ohren zu. Über den Hof zurück ins
Haus durfte ich noch nicht. »Warte, bis die Flieger weg sind«,
hatte Mama mir herübergerufen. Bei Fliegeralarm läuteten die
Kirchenglocken für die Leute auf dem Feld. Noch gab es keine
Entwarnung. Da kam schon der nächste mit einem Pfeifen,
dass es in den Ohren stach. Jetzt saß ich hier und hoffte, dass
das Klohäuschen nicht in die Luft flog. Die Flak stand in sechs
Kilometern Entfernung und donnerte. Unter meinen braunen
Ledersandalen knirschte es. Zwischen meinen Zehen pikste
der Sand. Noch immer gab die Sirene keine Entwarnung.

Mein Blick fiel auf die Inschriften auf den Wänden. Großvater hatte das Klohäuschen aus alten Grabsteinen gebaut: »Ruhe
in Frieden« – »Hier ruhen in Gott« – »Ruhe sanft«.

Meine Klassenkameraden konnten nicht glauben, dass wir
kein Häuschen aus Holz hatten wie alle anderen, sondern eines aus Grabsteinen.

Es war nicht das einzige Mal, dass ich wegen der Flieger mehr Zeit im Klohäuschen verbringen musste, als ich wollte. Geduldig blieb ich sitzen und wartete, bis das Kreischen über meinem Kopf aufhörte und keine großen Vögel mit dumpfem Knall mehr vom Himmel fielen.

Manchmal träumte ich nachts, eine Bombe wäre in mein Bett gefallen, und dann wachte ich von meinem eigenen Geschrei auf und konnte nicht wieder einschlafen.

Ich fühlte mich nicht wohl dabei, wenn ich nachts im Dunkeln über den Hof aufs Klo musste. Aber bei meiner kleinen Schwester Rita war es noch schlimmer, sie hatte richtig Schiss. Wenn wir abends im Bett lagen – Rita und ich schliefen im selben – und Mama mahnte: »Jetzt wird nicht mehr geredet, jetzt wird geschlafen«, flüsterte Rita mir ins Ohr: »W – W – W – W – A.« Das war unser Code für: »Wer wach wird, weckt die andere.« Ich weckte sie nie, wenn ich musste, sie hätte mir leidgetan, aber wenn sie musste, ging ich nachts mit ihr über den Hof und leuchtete ihr den Weg mit der Taschenlampe.

Einen Sommer zuvor wäre fast etwas Schlimmes passiert. Erna und Gisela, Hans und Ingrid waren wie jeden Nachmittag aus dem Nachbarhaus zum Spielen herübergekommen. Der Sandhaufen an der Mauer bei uns im Hof war unsere Burg, die wir mit Stöckchen und Steinen verzierten. Den Burggraben hatte ich ausgehoben. Ich konnte schleppen wie ein Gaul. Ich hievte die Eimer voller Sand weg, damit der Graben noch tiefer wurde. Die anderen wollten auch schaufeln, wir hatten aber nur eine große Schaufel, und die gab ich nicht her. Rita saß neben der Burg und lutschte am Daumen. Sie war zwei. Karl und Christel, die Zwillinge meiner Tante, stritten um die kleine Schippe. »Gggggibbb mir endlich dddddie Schippppe«, stampfte Karl und zerrte. Doch Christel hielt sie fest. Ich war mit meinen fünf Jahren die Älteste, stand breitbeinig im Burggraben und gab an wie ein Sack Flöhe: »Ich habe den Sand gut auf die Seite geschaufelt, schaut mal, ich steh schon bis zu den Knien drin.«

So hatte ich mit nackten Füßen im Sand gestanden, als ich Stiefel in der Auffahrt knirschen hörte. Zwei Männer. Sie schlugen mit ihren Fäusten an die Haustüre und riefen »Aufmachen«.

Tante öffnete die Haustüre und kam heraus:

»Guten Morgen, was machen Sie hier?«

»Wir kontrollieren.«

»Was denn?«, konterte die Godi. »Lisa, guck mal, die zwei Herren wollen was kontrollieren«, lachte sie meiner Mutter entgegen, die inzwischen zu ihr herausgekommen war. Meine Mutter stand mit dem Rücken zu uns und räusperte sich. Die Godi hatte uns im Blick.

»Es wurde Anzeige erstattet, dass hier ein blindes Kind ist.«

Ich ließ die Schaufel fallen, Christel schnappte sie sich. Langsam hob ich einen Fuß aus dem Graben, dann den anderen. »Backe, backe Kuchen.« Christel patschte mit der roten Plastikschaufel auf der Mauer der Sandburg herum, um sie zu plätten, bevor wir den Burggraben mit Wasser füllten. Ich starrte zur Haustür.

Die Godi schaute zu mir herüber. Ich war ihr Liebling. Wenn sie bei anderen Familien im Ort arbeitete, durfte ich mit. Dann hörte ich den Frauen zu. Mit den Händen war ich flink, ich konnte rasend schnell Bohnen entkernen, deshalb mochten sie mich.

Du sollst nicht lügen, aber du darfst nie sagen, dass du nicht gut siehst. Wenn sie dich holen, sperren sie dich ein, hatte die Godi mir eingetrichtert. Eingesperrt werden war das Letzte, was ich wollte. Ich wollte draußen sein und spielen.

Die Männer standen neben Mama, mit dem Rücken zu uns. Die Godi machte eine Handbewegung, als wollte sie eine Fliege verscheuchen. Ich verstand sofort, schlüpfte in meine Schuhe und sauste, die Schnallen noch offen, zum Hoftor hinaus. Als ich draußen war, hörte ich sie noch sagen:

»Also, wenn Sie hier ein blindes Kind finden, dann dürfen Sie es mitnehmen.«

Schneller. Um die Ecke, am Tante-Emma-Laden vorbei, wo ich sonst einkaufte, den Hohlweg hinauf, der Friedhof rechts, wo ich sonst spielte, heute nicht. Zum Turnplatz. Der Nussbaum in der Sonne, bald würde ich reife Walnüsse knacken. »Weiter«, trieb ich mich an. Mein Magen knurrte. Trotz meiner kurzen rachitischen O-Beine konnte ich schneller rennen als alle anderen. Ich strengte mich einfach mehr an. Ein paar Minuten später kam ich am Turnplatz vorbei: die Sandgrube für Weitsprünge; die Stange, an der ich sonst mit dem Kopf nach unten hing; die Wippe, auf der ich mit Anneliese in die Höhe hüpfte und wieder aufdotzte.

Im Schuppen lagen Medizinbälle neben dem Rasenmäher und warteten darauf, dass jemand sie herausholte und mit ihnen spielte. Außen am Häuschen waren zwei Latten lose. Durch diese Lücke zwängten wir uns oft, die Bretter quietschten, wir schauten immer, dass uns keiner sah, und dann spielten wir drinnen.

Ich schnaufte.

Heute war das nicht das richtige Versteck. Wenn sie mich da finden würden, wäre ich gefangen. Gefangen sein wollte ich auf keinen Fall.

Mit meinen fünf Jahren kannte ich die Umgebung wie meine Hosentasche. Manchmal ging ich allein in den Wald und baute mir aus Moos und Zweigen ein Haus. Darin spielte ich Mutter, Vater, Kind. Ich kochte meinem Kind eine Suppe aus Erde und Windröschen, nahm ein Stück Rinde als Tisch, Aststücke als Besteck. Mama wusste, dass ich zum Essen wieder zurück sein würde.

Ich muss essen, schoss es mir trotz aller Angst durch den Kopf, mein Magen zog sich zusammen. Am Rech, dem Hang zwischen Turnplatz und Waldweg, wuchsen Hecken aus Schlehen, Himbeeren und Brombeeren.

Da kroch ich hinein.

Autsch. Die Widerhaken der Ranken verfingen sich in meinem Kleid und stachen mir in die Finger, als ich sie auf die Seite ziehen wollte. Ich hockte mich in eine Kuhle im Gebüsch und horchte.

Kein ungewohnter Laut weit und breit.

Unten auf der Straße knatterte ein Traktor. Sonst war es still. Ich begann, nach Beeren zu tasten. Sehen konnte ich sie nicht. Wenn gutes Wetter war, konnte ich den Feldberg als dunklen Fleck vor dem hellen Himmel erkennen, aber Beeren direkt vor meiner Nase, die sah ich nicht. Es war, als hätte ich ein dünnes Tuch vor dem Gesicht. Ich fingerte im Gebüsch herum, fand ab und zu eine und steckte sie mir in den Mund. Doppelt so oft wie ich eine Brombeere erwischte, piksten mir die spitzen Dornen in die Finger. Mein rechter Zeigefinger blutete. Ach, was sollte es, ich leckte ihn ab. Es schmeckte nach Hoftor. Ich futterte so viele Beeren, wie ich erwischen konnte, und das Knurren im Bauch ließ langsam nach.

Die Kirchenglocken bimmelten: zwölf. »Der Engel des Herrn brachte Maria die Botschaft, und sie empfing vom Heiligen Geist …« Ich wisperte das Angelus-Gebet, wie ich es gewohnt war.

Essenszeit. Ich musste nach Hause.

Ich traute mich nicht aus dem Versteck. Ich sah sicher schlimm aus mit Brombeerflecken auf dem Kleid, halb aufgelösten Zöpfen und blutverschmiertem Mund. Mama würde schimpfen. Und außerdem hatte ich immer noch Angst, dass die Männer nach mir suchten. Ich blieb hocken, ohne einen Mucks, horchte, wie Bienen und Hummeln auf der Wiese summten und zwischen Gras und Sauerampfer Löwenzahnblüten suchten – oben im Wald eine Axt, die so oft auf einen Baum sauste, bis er zu Boden krachte. Unten im Ort krähte ein Hahn, ein Kind plärrte. Die Sonne wärmte meine Haare.

»Mariiiechen, Mariiiechen.«

Ich hatte lange so dagesessen, sehr lange. Da hörte ich die Stimme meiner Schwester. »Mariiiechen, komm raus, ich such dich.« Sie kam näher. Sicher hatten die Männer Anneliese gezwungen, mich zu suchen. Ich biss mir auf die Lippen und blieb still sitzen. »Mariechen, ich weiß genau, dass du hier bist, komm endlich raus.« Sie kam immer näher, aber ich traute mich nicht. Ich konnte nicht sehen, ob jemand bei ihr war. Ich drehte mein Ohr in die Richtung, aus der die Stimme kam, und horchte. Sie war nur noch ein paar Meter von der Stelle weg, wo ich in der Dornenhecke saß. »Du kannst herauskommen, die Männer sind weg, ich bin alleine«, lockte sie.

Da hielt ich es nicht mehr aus.

»Hier bin ich.«

Ich war so in die Dornen verheddert, dass ich nicht alleine herauskam. Anneliese half mir. »Na Gott sei Dank, dass ich dich gefunden habe. Ich suche dich schon, seit ich aus der Schule zurück bin. Komm her, ich muss dich erst sauber machen, so kann ich nicht mit dir heimgehen.« Sie zupfte Blätter aus meinen Haaren, wischte mein Gesicht mit Spucke ab und klopfte mein Kleid aus. Zerrissen war es zum Glück nicht. Dann packte sie mich bei der Hand und zog mich zum Weg: »Nun komm, Mama hat vor Sorge nichts gegessen. Sie dachte, die Männer hätten dich gefunden und mitgenommen. Aber die Godi hat gesagt, das glaubt sie nie und nimmer.«

Unsere Beine flogen bis an den Bobbes, und unsere blonden Zöpfe wippten, so schnell sausten wir den Berg hinunter, am Laden vorbei, links um die Kurve und dann rechts durch das Hoftor. »Mama steht am Fenster«, rief Anneliese. Wir rannten ums Haus zur Türe, fielen fast über die Stufe in den Flur und wetzten weiter in die Küche. Vor lauter Eile vergaßen wir, die Schuhe im Flur auszuziehen. Mama schimpfte nicht, nahm mich in die Arme, drückte mich fest an ihre Brust, ließ mich nicht mehr los. Sonst war sie eigentlich nicht so. Ich spürte, wie ein Schluchzen ihren Hals hochstieg und ihren Körper schüttelte. Dann liefen ihr Tränen übers Gesicht, sammelten sich am Kinn und tropften auf meine Stirn.

Wie Mama weinte! Warum nur? Es war mir doch gut gegangen in der Hecke am Turnplatz. Ich hatte dafür gesorgt, dass mein Bauch nicht leer geblieben war. Ich war schon fünf und konnte gut auf mich aufpassen.

Die Godi fragte später herum und brachte heraus, wer unsere Familie angezeigt hatte. Mama sagte: »Wir danken dem lieben Gott, dass nichts passiert ist.« Sie vergab dem Mann und ließ die Sache auf sich beruhen, weil sie wusste, wie schlimm es für seine Familie gewesen wäre, wenn die Leute davon erfahren hätten.

In dieser Zeit versteckten Eltern ihre behinderten Kinder. Zum einen, weil sie Angst hatten, dass sie abgeholt würden, aber auch, weil sie sich schämten: »Dass uns das passieren musste.« Sie gaben sie in Verwahranstalten, wo man sie versorgte, aber nicht förderte. »Die armen Behinderten«, »die Hilflosen« nannte man sie. Manche Eltern trösteten sich mit der Geschichte von der Heilung eines Blinden aus dem Johannes-Evangelium. Jesus sagt auf die Frage, ob der Blinde selbst oder seine Eltern gesündigt hätten:»Weder er noch seine Eltern haben gesündigt, sondern das Wirken Gottes soll an ihm offenbar werden« (vgl. Johannes 9,3).

Eines Abends 1944 verschwand aus unserem Dorf ein 16-jähriges Mädchen, das nach einem Unfall geistig beeinträchtigt war, im Hof ihres Elternhauses. Es wollte nur raus zum Klohäuschen und tauchte nie wieder auf. Vier Tage lang suchten die Nachbarn und die Polizei es mit Hunden. Die Felder und den Wald durchkämmten sie, bis in die Dunkelheit. Keine Spur. Es war wie vom Erdboden verschluckt.

Der Kaplan hielt während des Kriegs »Heimabende« für Mütter, bei denen sie Lieder sangen, Spiele spielten, Geschichten vorlasen und er den Frauen berichtete, was er über den Kriegsverlauf gehört hatte. »Passt gut auf eure Kinder auf«, warnte er die Frauen.

Als Mama, hochschwanger mit meiner jüngeren Schwester, auf die Zwillinge der Godi aufpasste, weil die Tante und der Onkel beide im Krankenhaus lagen, kamen Leute – angeblich vom Müttergenesungswerk – und wollten die Zwillinge, die mit 40 Fieber im Bett lagen und husteten, abholen. »Die sind mir anvertraut; die gebe ich nicht her«, bäffte Mama und knallte die Türe wieder zu, die sie nur einen Spaltbreit geöffnet hatte. Die Leute gingen. Hätte meine Mutter ihnen die Zwillinge mitgegeben, hätte niemand sagen können, was mit ihnen geschehen wäre. Zurückgekommen wäre Karl wahrscheinlich nicht mehr, weil er stotterte. Es waren schlimme Zeiten!

Auch die geistig beeinträchtigten Kinder aus unserem Dorf waren in Gefahr.

Meine Oma akzeptierte es als gottgewollt, dass ich schlecht sah. Meine Mutter machte sich Vorwürfe, dass sie in der Schwangerschaft noch Rad gefahren war.

»Des, waste kannst, machste«, sagte meine Mutter immer zu mir. Ich durfte alles so machen, wie ich es konnte. Sie ließ mich backen, spülen, einkaufen gehen, Schuhe putzen. Sie quälte mich nicht. Sie nahm mich auf den Schoß und brachte mir die kompliziertesten Dinge bei. Wenn ich drinnen nicht genug sah, wie beim Stopfen von Strümpfen, nahm sie mich mit nach draußen in die helle Sonne. Bekam ich es nicht schön hin, dann ribbelte sie es wieder auf: »Jetzt machst du es noch mal, du musst das üben.«

Das Kleid von Papa war da, als ich eingeschult wurde, aber er selbst nicht. Im Sommer 1943 war das. Mama kämmte mich an diesem Morgen noch länger als sonst, flocht meine dicken Haare zu Zöpfen, und ich zog das Leinenkleid an, das Papa mir gekauft hatte, als ich zwei gewesen war. Es passte noch, und es war das schönste, das ich hatte. Als es später zu kurz wurde, setzte Mama an der Taille ein Stück geblümten Stoff ein. Es hing schon am Vorabend der Einschulung am Schrank. Ich drehte mich hin und her. Der Stoff flog mir um die Beine. Glatt und kühl fühlte er sich an.

Den Lehrer mussten wir jeden Morgen mit »Heil Hitler« begrüßen. Wer schwätzte, bekam eine Strafarbeit. Er merkte, dass ich schnell kapierte und meine Hausaufgaben machte, deswegen mochte er mich. Wenn ich nicht fit gewesen wäre, hätte er mich nicht in der Schule geduldet. Er musste über hundert Schüler in zwei Klassen unterrichten. Ständig rannte er zwischen den Räumen hin und her. Im Sommer fehlten immer Kinder wegen der Feldarbeit.

Die Bauern brachten dem Lehrer Brot und Speck, deswegen behandelte er ihre Kinder besser als den Rest. Ich fand das ungerecht. »Bauerntrampel«, schimpfte ich den Lehrer daraufhin, und ich nahm es auch nicht zurück. Es war das einzige Mal, dass er sich bei Mama über mich beschwerte. Meine Familie konnte dem Lehrer nichts geben. Wir mussten alles zusammenkratzen, damit wir selbst genug zu essen hatten. Wir waren sieben Kinder daheim: Mamas drei und die vier von der Godi. Papa schickte Pakete aus dem Krieg, einmal mit schönen Schuhen. Mama verschrottelte sie – tauschte sie gegen Kartoffeln.

Mit dem Lehrer hatte ich mich bald wieder zusammengerauft. »Ich hol euch das Mariechen, die zeigt euch das«, sagte er zu den Fünftklässlern, wenn die mal wieder nichts kapierten. Ins Zeugnis schrieb er mir: »Maria ist stark sehbehindert, deshalb sind ihre Leistungen und Teilnahme am Unterricht besonders anzuerkennen.«

Die nehmen wir net mit

Meine Klassenkameraden testeten immer wieder, wie viel ich sah. Einmal mussten wir im Kunstunterricht einen Mann malen. Ein Junge kritzelte an meine Zeichnung einen Penis, bevor ich das Bild dem Lehrer gab. Dafür habe ich eine Strafarbeit gekriegt. Die hat mein Klassenkamerad dann für mich gemacht.

Ein Mädchen vertauschte mir einmal die Farben. Da wurde mein Himmel grün statt blau.

Ein Mitschüler behauptete vor dem Lehrer, ich wäre mit dem Fahrrad auf der falschen Straßenseite gefahren, was überhaupt nicht stimmte.

Ich nahm es ihnen nicht übel. Ich war auch kein Engel.

Im Winter, wenn es morgens dunkel war, brachte Mama mich zu einer Klassenkameradin. Die lief dann mit mir in die Schule. Wenn es dunkel war, sah ich überhaupt nichts. Ich hatte eine Brille, die wenigstens etwas half, aber die konnte ich draußen nicht aufsetzen, weil es gefährlich war, als sehbehindert erkannt zu werden. Dienstag und Freitag mussten alle Schulkinder zum Morgengottesdienst in die Kirche. Danach gingen wir heim, einen Malzkaffee trinken und Marmeladenbrot essen. Die Schule fing an den beiden Tagen später an. Wenn ich im Gottesdienst ein Lied nicht konnte, sang Mama es mir zu Hause so lange vor, bis es saß, damit ich beim nächsten Mal nicht auffiel, weil ich den Text nicht einfach ablesen konnte. Wenn sie mit Anneliese Gedichte übte, saß ich dabei und hörte zu und lernte mit. Mama bestand darauf, dass ich die Hausaufgaben selbst erledigte. Im Zimmer konnte ich es an trüben Tagen nicht. Deshalb trug sie mir – egal, wie kalt es war – nach der Schule einen Stuhl als Tisch vors Haus. Ich wickelte mir den braunen Wollschal um, den die Godi für mich gestrickt hatte und der kratzte, den ich aber trotzdem mochte, weil er von der Godi war, und zog die Mütze über den Kopf. Dann packte ich den Schemel, schleppte ihn hinaus und setzte mich darauf. Mama stellte sich manchmal neben mich und sah mir zu. Wenn ich nicht weiterkam, half sie mir, damit es nicht so lange dauerte. Meine Jacke war zu kurz, und meine Hände wurden schnell lila und fingen an zu bitzeln. Ich hauchte sie an und schrieb weiter. Mama kannte kein Pardon. Nur einmal bat sie den Lehrer für mich um eine Extrawurst: Wir sollten für ein Projekt einen Bericht von jedem Schultag in Schönschrift schreiben. Mir passierte es aber, wie ich mich auch anstrengte, dass die Zeilen ineinanderliefen. Ich durfte daher Mama die Protokolle diktieren, die sie mir dann ins

Heft schrieb. Einmal schrieb sie »hoffendlich«, und ich kriegte vom Lehrer Peng. Ich war froh, als das Projekt vorbei war.

»Mariechen, hilf deiner großen Schwester doch mit den Hausaufgaben, damit es schneller geht«, bat Mama mich öfter. Ich war gut in Mathe. Dafür war Anneliese praktischer und konnte schon mit fünf Jahren Strümpfe stopfen. Meine Mutter hat mich wie ein normales Kind aufgezogen und mich gefördert, wo sie konnte. Sie hat mich nie zum Stopfen gezwungen, weil sie wusste, dass ich davon Kopfweh kriegte. Ich hatte oft Kopfweh.

Wenn wir im Garten Johannisbeeren rupfen sollten, schüttete Rita heimlich von ihren Beeren in mein Kännchen. Anneliese hänselte sie dann: »Du bist so langsam, sogar Mariechen hat schon so viele.« Rita und ich grinsten. Wir hielten zusammen wie Pech und Schwefel.

Wegen der Bomben und des Kriegs fiel der Unterricht oft aus. Wenn die Sirenen heulten, rasten wir aus der Schule ins Haus gegenüber in den tiefen Keller. Wir durften erst wieder raus, wenn Entwarnung kam. Oft hatten wir nur drei Tage die Woche Unterricht.

»Heil Hitler«, schmetterte ich dem Lehrer am 9. Mai 1945, wie an jedem Morgen, entgegen. Da fing ich eine: »Guten Morgen, heißt es ab jetzt.« Das Deutsche Reich hatte kapituliert. Der Krieg war vorbei. Eigentlich hatte ich das gewusst. Ich hatte es bloß kurz vergessen. Nun mussten wir uns nicht mehr vor Bomben fürchten.

»Heute gehen wir auf die Schulwiese«, kündigte der Lehrer an, und wir juxten. Inzwischen war ich fast acht. Wir drängelten und schubsten. Ich ließ mich mittreiben, je enger, desto besser. Schnell hatten wir den Durchgang zwischen zwei Häusern hinter uns und sprangen auf die Bleichwiese, ein Feld mitten im Dorf, auf dem alle Familien ihre mit der Hand gewaschene

weiße Wäsche auslegten und mit Wasser aus dem Bach be-
spritzten, damit Flecken von der Sonne herausgezogen wurden.
Am Abend leuchtete die Wäsche dann und roch nach Gras.

Die Schulwiese lag gleich hinter der Bleichwiese. Wir spielten Völkerball, bis unsere Köpfe rot waren wie Tomaten und
fast platzten. Dann sprangen wir ins Wasser und spritzten uns
nass. Als ich zu frieren begann, kletterte ich über die breiten,
flachen Steine heraus und schmiss mich auf die Wiese. Ich lag
auf dem Rücken und blinzelte in die Sonne. Auf meinem
Bauch glitzerten Wassertropfen, und ich kicherte, als Manfred
mich mit einem Grashalm an der Fußsohle kitzelte. Da packten Hermann und Heinrich, die Zwillinge, ihn von hinten,
warfen ihn um und nahmen ihn in den Schwitzkasten, bis
Manfred sich schreiend ergab. Die Mädchen, die gerade nicht
Ball spielten, pflückten Gänseblümchen und bastelten Ketten
daraus, die sie sich aufsetzten. Ich kletterte auf den Apfelbaum,
der am Rand der Wiese stand. Hier war ich unsichtbar, aber
ich kriegte alles mit.

Ich hörte die Mädchen auf dem Völkerballfeld schreien,
wenn sie abgeworfen wurden, und die Buben einander anfeu-
ern. Die Grillen zirpten in der Mittagshitze. Der Ast, auf dem
ich saß, knarzte, aber das störte mich nicht. Ich war leicht. Wenige Meter vor mir plätscherte der Bach, und ich sah einen
Fleck am Ufer: Anneliese in ihrem roten Badeanzug. Sie
brauchte immer ein wenig länger, um ins Wasser zu kommen.
Sie tastete sich vorwärts, tauchte Hände und Arme hinein,
frischte sich ab, trat wieder zurück und wartete.

Da sah ich zwei blaue Badehosen auf sie zuspringen: die
Zwillinge. Sie stürzten sich von hinten auf Anneliese, schubsten sie ins Wasser, sprangen auf sie drauf und drückten sie
runter. Sie gurgelte, rappelte sich auf, ging wieder unter, ru-
derte mit den Armen.

Wie eine Katze sprang ich vom Baum, machte einen Satz, schubste die drei Jahre älteren Jungen zur Seite, schnappte Anneliese an den Trägern vom Badeanzug und zog sie hoch.

»Lasst meine Schwester in Ruhe«, schrie ich.

Anneliese hustete und schüttelte sich, dass die Tropfen flogen. Die Zwillinge rannten davon, ich hinterher. Sie wetzten über die Schulwiese, die Bleichwiese, zum Durchgang und über die Straße zum Schuleingang, zwei blaue Punkte hüpften vor der Schultüre, rappelten an der Klinke. Abgeschlossen. Da kriegte ich sie. Ich packte sie an den Haaren und dotzte ihre Köpfe zusammen: »So, das kriegt ihr jetzt, damit ihr wisst, wie ertrinken ist.« Ein Mann aus dem Dorf führte eine Kuh an einem Strick vorbei und rief: »Hör auf, Mariechen, die Nase vom Heinrich blutet schon.«

Da hörte ich auf. Das wollte ich nicht. Die beiden Jungs schlichen nach Hause. An dem Tag hatten sie keine Lust mehr auf Streiche.

Ich war wie ein Bub. Ich konnte mich wehren und habe nie bei meiner Mama gejammert. Aber ich war froh, dass die Mutter der Zwillinge sich nicht bei meiner beschwert hat.

Über meine Defizite nachzudenken hatte ich keine Zeit. Es war immer etwas los. Ich habe meine Blindheit spielerisch erfasst. Indem ich mich wie ein Wildfang benahm, überspielte ich einiges. Ich genoss meine Freiheit in der Natur. Wenn ich Hunger hatte, ging ich ins Maisfeld, holte mir einen Kolben, biss hinein, dass es krachte, und zerquetschte die Körner mit den Backenzähnen. Süß spritzte der Saft in meinen Mund. Ich schluckte. Das Knurren in meinem Magen hörte auf. Hörte ich Bauern reden, hockte ich mich ins Maisfeld, bevor sie mich erwischten, und wartete, bis die Stimmen leiser wurden. An anderen Tagen legte ich mich auf eine frisch gemähte Wiese, roch das Gras und die Blumen, ließ mich von den Halmen in die nackten Beine piksen, spürte Käfer über meine Arme krabbeln, schaute hoch zu den Wolkenbergen und träumte, bis mir einfiel, dass ich Mama beim Gartengießen helfen sollte. Dann sprang ich auf und rannte heim. Unterwegs riss ich einen Grashalm ab, klemmte ihn zwischen beide Daumen und pfiff.

Nachmittags traf ich mich öfter mit Marlies. Manchmal hatte ich einen Eimer dabei, weil ich für Mama Pferdeäpfel zum Düngen sammeln musste. Marlies nahm ihn mir ab, »ich mach das schon«, ging in den Stall und schippte Äbbel hinein, bis das Eimerchen voll war. Ich streichelte so lange Fanni, Marlies' Lieblingspferd. »Jetzt kannst du deinen Eimer heimtragen, dann spielen wir«, unterbrach sie mich. Sie war meine Freundin.

Doch andere machten mir das Leben schwer. »Die nehmen wir net mit«, beschloss das Flüchtlingsmädchen, das dieses Jahr das Christkind war. Jedes Weihnachten durfte eine andere Jugendliche aus dem obersten Volksschuljahrgang das Christkindchen machen. Mit Schleier und Glitzerrock brachte sie den Kindern im Dorf die Geschenke von den Eltern und bekam in jedem Haus etwas Geld. Die anderen Mädchen liefen mit. Ich wollte auch dabei sein. Aber sie ließen mich nicht.

Später tat es den Mädchen dann leid. Sie boten mir zur Wiedergutmachung an, das gesammelte Geld mit mir zu teilen, aber ich stellte mich stur. Mama nahm es dann doch, weil wir es brauchten.

Diese Gemeinheit war nicht ihre einzige. Wenn sie mal besonders garstig zu mir war, habe ich ihr eine runtergehauen. Danach waren wir aber immer schnell wieder gut. Ich habe ihr sogar regelmäßig bei den Hausaufgaben geholfen. Ihre Mutter hat sich wegen der Christkind-Geschichte über den Gartenzaun tausendmal bei meiner entschuldigt.

»Kannst mich mal«

Papa war aus der Gefangenschaft zurück.
Zuerst fand ich es furchtbar.

Ein Dreivierteljahr lang hatten wir nicht gewusst, wo er war. Jeden Abend knieten wir uns im Nachthemd mit nackten Beinen auf die Dielen vor unsere Betten und beteten mit Mama: »Lieber Gott, beschütze Papa, und lass ihn gesund nach Hause kommen.« Nach seiner Ausbildung als Soldat war Papa mit seiner Kompanie nach Frankreich verlegt worden. Anfang 1944 wurde er als vermisst gemeldet. Dann erfuhren wir, dass die Engländer ihn gefangen genommen hatten. Mitten im Kampf hatte er seine Kameraden aus den Augen verloren und war in Gefangenschaft geraten. 1948 kam Papa aus Schottland wieder.

Er verstand nicht, dass ich im Hellen sah, im Dunklen aber nicht. In der Küche, direkt hinter der Tür, war eine Falltür im Boden. Dort lagerten Vorräte, die kühl bleiben mussten. Fünf Stufen führten hinunter. Wenn ich von draußen, wo es hell war, ins Dunkle hereinkam, sah ich erst mal nichts. Das führte öfter dazu, dass ich ins Loch stolperte, wenn die Falltür offen war. »Marie, guck doch richtig!«, schrie Papa dann. Meist tat ich mir nicht weh, weil es nur eineinhalb Meter tief war. Ich krabbelte die Steinstufen hoch, klopfte mir den Staub vom Kleid, und schon ging es weiter. Meinen Cousin hat es schlimmer erwischt. Einmal ist er auf den Kopf gefallen und hat eine Mordsbeule bekommen.

Papa verlangte auch immer von mir, dass ich an der offenen Küchentür anhielt, mich auf den Boden kniete und gegen das Fenster auf der anderen Seite des Raums guckte. Nur so, wenn ich von unten nach oben quer durch den Raum gegen das

Licht sah, erkannte ich, wo im Raum Stühle oder Eimer standen. Erst dann durfte ich in die Küche kommen. Er konnte es nicht leiden, wenn ich überall andotzte. Wie hat mich das aufgeregt! »Jetzt kannste mich mal!«, schrie ich ihn einmal an, als er mir deswegen mal wieder Peng androhte. Und bevor er mich zu fassen bekam, um mich für diese Frechheit zu bestrafen, hatte ich das angelehnte Küchenfenster aufgedrückt und war hinausgehüpft. Das hatten wir beim Spielen ausprobiert. Papa fluchte.

Die Godi verteidigte mich. Sie war fast 30 Zentimeter größer als meine Mama – die war mit ihrem Meter fünfzig ein »klaaner Knuddel«. Ich schaute zu meiner Taufpatin auf. Sie verhätschelte mich. Papa und die Godi stritten oft meinetwegen.

»Mal sieht sie, mal sieht sie nicht!«, brüllte er.

»Du bist zu streng mit ihr«, hielt die Godi dagegen. Es wurde eng in den zwei Zimmern im Haus meiner Tante.

Wir bekamen die Wohnung, weil Mama mit der Bauersfrau ausgemacht hatte, dass sie ihr im Haus und auf dem Feld helfen würde. 1951 zogen wir um. Unser neues Zuhause in der Mühle lag einen halben Kilometer vor dem Ort in den Wiesen. Meine Eltern wollten, dass jedes Kind ein eigenes Bett bekam. Papa fand eine Stelle in einer Lederfabrik, wo er 90 Mark die Woche verdiente.

Papa war Schneider und sorgte dafür, dass wir Anziehsachen hatten. Hosen trugen wir Mädchen nur zum Schlittenfahren oder Wandern. Sonst hatten wir Röcke und Kleider an. Im Winter, wenn es kalt war, gab Mama uns die »Leibund Seelhose« für drunter, damit wir uns nicht verkühlten. Papa hatte sie in einem Stück genäht: Am kurzärmeligen Oberteil hing eine Hose. Drüber zogen wir Pullover, Rock und Strümpfe.

Ich weiß noch genau, dass ich die Treppe unserer Vermieter putzen musste, wenn ich von der Schule kam. Die wurde schnell dreckig, weil sie einen Hund hatten. Mama war zu der Zeit meist noch mit den anderen auf dem Acker. Oft hat uns die Hausfrau zum Mittagessen eingeladen. Ich war dann immer mit Abspülen dran. »Erst die Arbeit, dann das Spiel«, hieß es bei Mama. Sie war wie eine Glucke, die ihre Küken unter die Flügel nahm, aber viel Federlesens machte sie nicht. Selbst wenn ich an etwas verzweifelte und heulte, durfte ich nicht aufgeben: »Da musst du durch.«

Sie versuchte, mir so viel wie möglich beizubringen. Wenn sie am Backen war, durfte ich ihr helfen. Beim Hefeteig hielt ich die Schüssel oder reichte ihr Zutaten. Rührkuchen hat sie mich schon mit zehn Jahren selbst backen lassen. Ich konnte Zucker, Butter und Mehl ohne Waage abmessen. Mama wollte, dass ich zum Fetten der Form Papier nahm, weil es ihr sonst zu viel Geschmier war, aber ich schaffte es nicht. Anneliese zeigte mir, wie ich die Form mit den Fingern fetten konnte. Eine Schüssel mit Wasser platzierte sie auch daneben, ebenso ein Tuch, damit ich mir zwischendurch die Hände waschen konnte.

Backen fand ich kinderleicht. Rührkuchen konnte ich bald auswendig: ein Viertelpfund Margarine weich werden lassen, vier Eier dazu, eine Prise Salz und vier Esslöffel Zucker. Schaumig rühren. Ein Pfund Mehl mit einem Päckchen Backpulver mischen. Mehl in den Teig rühren, wenn er zu fest ist, ein wenig Milch darunter, dass er breit und schwer vom Löffel fällt in die gefettete, bemehlte Napfkuchen-Form. Die Form dabei drehen, den Teig glatt streichen, alles für eine knappe Stunde bei mittlerer Hitze in den Backofen. Dann kam das Beste: die Form mit den gehäkelten Topflappen aus dem Ofen holen und den dampfenden Kuchen auf den Tisch stellen. Am Samstag haben wir ihn gebacken, am Sonntagnachmittag angeschnitten.

Wenn ich in der Dämmerung zur Mühle heimging, schleifte ich den rechten Fuß am Wegrand entlang, weil ich nicht sah, wo ich laufen musste. »Mensch, die muss besoffen sein«, wunderte sich einmal ein Radfahrer, der an mir vorbeifuhr. Da beschloss ich, in Zukunft unterwegs eine gelbe Armbinde zu tragen, damit jeder erkennen konnte, dass ich sehbehindert war. Sie hatte drei schwarze Punkte, oben zwei und unten einen. Man schlüpfte sie über den Ärmel und befestigte sie mit einer großen Sicherheitsnadel an der Jacke, damit sie nicht rutschte. Ich habe sie – auch wenn sie hilfreich war – nicht gern getragen, weil ich mir damit die Jacken kaputt gestochen habe. Bei der Orientierung hat sie mir auch nicht geholfen. Doch genau das hätte ich gebraucht, denn schon wieder stand ein Umzug bevor. Wenigstens für mich!

»Ihr wollt mich loswerden«, schimpfte ich. Das Wasser tropfte mir aus der Nase. Mama nahm ein gebügeltes Baumwolltaschentuch aus der Küchenschublade und gab es mir. Sie und Papa waren nicht zu erweichen. »Lasst das Mariechen doch hierbleiben«, mischte sich die Godi ein.

»Der Umzug ist der einzige Weg, wenn aus ihr was werden soll«, hielt Mama dagegen.

Die Leute von der Berufsberatung, die uns im neunten Schuljahr besucht hatten, wollten mich in eine Schule für Behinderte nach Köln schicken. Für einen normalen Beruf würde mein Sehen nicht reichen. Dort sollte ich so ausgebildet werden, dass ich einen Beruf auch für Blinde würde ergreifen können. Doch meine Eltern wollten mich nicht so weit weglassen und hatten eine andere Möglichkeit gefunden: In der Frankfurter Blindenanstalt gab es einen Privatschulzweig, an dem Kriegsversehrte eine Ausbildung machen konnten. Menschen, die vor dem Krieg in einer Bank oder der Verwaltung gearbeitet hatten, erlernten dort die Blindenschrift und konnten danach oft zurück in ihren Beruf. Wenn das nicht klappte, fanden viele in den angeschlossenen Werkstätten für sehbehinderte Menschen Arbeit und stellten Bürsten und Körbe, Klammern und Matten, Rund- und Flachstickerei her.

Die Schule hatte auch einen Handelsschulzweig, der »Zivilblinden« wie mir ebenfalls offenstand. Der Landeswohlfahrtsverband bezuschusste meine Ausbildung und bestimmte, wann ich beginnen sollte. Meine Eltern mussten aber immer noch 20 Mark im Monat bezahlen, was ihnen schwerfiel. Das Schlimmste für mich war, dass ich dort wohnen sollte. »Da lernst du was, und wenn du ab und zu heimkommst, kannst du eine neue Freundin mitbringen«, redete Mama mir ein. Damit war die Diskussion beendet und der Umzug beschlossene Sache.

Am 1. Juli 1953 – ich war 15 – brachten Mama und Papa mich nach Frankfurt. Kurz zuvor hatte ich mir meine Zöpfe abschneiden lassen, weil der Arzt meinte, sie seien der Grund für meine häufigen Kopfschmerzen.

Nachdem wir meinen Koffer in einer Wirtschaft, in der es nach kaltem Rauch roch, abgestellt hatten, gingen wir zum Büro der Kirchengemeinde, um nach einer Jugendgruppe zu fragen, in der ich mitmachen könnte. »Ich schicke dir jemanden, der dich zu den Gruppenstunden abholt und mit dir im Holzhausen-Park spazieren geht«, versprach die Gruppenleiterin.

Mama wurde immer stiller, je näher wir der Blindenanstalt kamen. Die Klingel schnarrte, eine ältere Frau öffnete und holte den Direktor. Der begrüßte uns und führte uns herein. Wir saßen im Speisesaal, und meine Eltern bekamen alles Notwendige erklärt. »Komm bloß nicht auf die Idee, abends wegzugehen«, ermahnte meine Mutter mich. Sie wusste, wie ich bin, dass ich dem Teufel vor die Flinte springe. Der Direktor räusperte sich: »Frau Becker, Sie geben Ihre Tochter heute hier ab. Ob sie fortgeht oder nicht, haben wir zu verantworten.« Mama schluckte. Statt mich meinen Eltern zum Abschied in die Arme zu werfen, fauchte ich sie an: »Jetzt habt ihr mir nix mehr zu sagen.« Mama wollte antworten, doch Papa zog sie auf die Straße, sie winkten und waren um die nächste Ecke verschwunden. Ein Mädchen holte mich später in meinem Zimmer ab, zeigte mir das Haus und erklärte mir, zu welchen Zeiten ich wo zu sein hätte. Einen Hausschlüssel bekam ich nicht. Wenn ich rausgehen wollte, musste ich mich an der Pforte abmelden und der älteren Dame, die dort saß, sagen, wohin ich ging und wann ich wieder da sein würde. Das gefiel mir nicht.

Zwei Tage nach meiner Ankunft in der Blindenanstalt endete der Unterricht für alle außer für mich. Weil der Landeswohlfahrtsverband meine Ausbildung ab dem 1. Juli bezuschusste, hatte ich dann auch anfangen müssen. Alle Handelsschüler packten ihre Koffer, riefen »Schöne Ferien« und schlugen die Tür hinter sich zu. Es wurde still im Haus. Fräulein Mockenbirn, meine 60-jährige Zimmerkollegin, blieb. Die meisten Frauen in meiner neuen Umgebung hießen »Fräulein« und waren stolz auf diesen Titel. Unter mir wohnte ein Ehepaar, aber das war eine Ausnahme. Die meisten, die im Haus lebten, waren alleinstehend.

»Was machst du gern, Mariechen?«, fragte mich Emi, eine 40-Jährige aus der Stickerei. Dass sie so viel älter war, hat mich überhaupt nicht interessiert, weil sie nett zu mir war. »Ich singe gern«, verriet ich ihr. Sie und Fräulein Mockenbirn trällerten ab da jeden Tag Schlager mit mir, um mich abzulenken. »Du schwarzer Zigeuner« von Vico Torriani war perfekt für meine romantische Ader: »Heut kann ich nicht schlafen gehn. Heut find ich keine Ruh. Ich will Tanz und Lichterglanz und Musik dazu.«

Schon am zweiten Tag schickte der Direktor mich zu einem Botengang. Ich sollte einen blinden Korbflechter, der sich in den Daumen geschnitten hatte, von der Werkstatt zu einer Arztpraxis in der Nähe bringen. Ich führte ihn zum Tor raus, über die Straße, rechts den Gehsteig entlang, durch den Hof und die Treppe hoch in den ersten Stock. Der Direktor hatte mir alles genau erklärt. Ich fragte in der Praxis, wann ich wiederkommen solle. Nach einer Stunde holte ich ihn wieder ab und brachte ihn mit einem Verband am Daumen in die Werkstätten zurück. Ab da schickte der Direktor mich öfter. Ich fand mich immer leichter zurecht und lernte die nähere Umgebung kennen. Ich hatte den Eindruck, ich sähe mit der Zeit besser, aber wahrscheinlich hatte ich nur gelernt, meinen Sehrest effektiver zu nutzen.

Das mit dem Besser-Sehen hatte schon angefangen, als ich noch zu Hause wohnte. Ich hatte Mama zeigen wollen, wie gut ich sehe, damit ich nicht nach Frankfurt in die Blindenschule musste. »Guck mal, ich hab das Öhr in der Nadel gesehen«, gab ich an, wenn ich einen Faden eingefädelt hatte.

Vorher hatte ich mein schlechtes Augenlicht gerne als Ausrede genutzt, um mich vor dem Einfädeln zu drücken: »Ich seh des net; ich mach des net.«

»Mariechen.« Es klopfte an der Zimmertür. »Komm mal an die Pforte, da sind zwei Mädchen für dich.« Ich riss die Tür auf, schlüpfte in die Sandalen, schnappte mir die Strickjacke vom Haken und rannte die Treppe hinunter. Vor mir standen zwei Bohnenstangen mit Schleifen im Haar: »Wir kommen von der Kirchengemeinde und wollen dir den Holzhausen-Park zeigen.« – »Au ja, da war ich noch nicht.« Ich hängte mich bei beiden ein. Wir liefen die Straße hinunter, bogen links ab, überquerten den Oeder Weg und waren schon da. Unter riesigen Kastanien schlenderten wir zum Teich. Ich sah die Umrisse des Wasserschlösschens mit den dunklen Fenstern und stellte mir vor, ich wohnte dort, schaute jeden Morgen auf das grüne Wasser hinunter und kämmte mein langes, blondes Haar.

Die Wiesen im Park waren eingerahmt von knorrigen Bäumen, deren Äste sich in den Himmel streckten. Wir schaukelten und turnten und lachten. Die zwei Stunden Ausgang, die ich bekommen hatte, waren viel zu schnell vorbei. Ich musste zurück, sonst würde ich Ärger mit der strengen Dame an der Pforte kriegen, weil ich erst 15 war.

Von da an holten mich auch jede Woche junge Leute aus der Kirchengemeinde zur Gruppenstunde ab. »Wir sind katholisch, und unsere Tochter soll sonntags zum Gottesdienst gehen können«, hatten meine Eltern gleich zu Beginn vom Direktor erbeten. Deshalb bekam ich dafür Ausgang.

An meinem dritten Tag in Frankfurt schrieb ich einen Brief an meine Eltern: »Sehr geehrte Mama, sehr geehrter Papa, wie geht es Euch? Mir geht es perfekt. Jetzt kann ich nämlich endlich machen, was ich will. Hochachtungsvoll, Mariechen.« Die Godi erzählte mir später, dass Mama die Tränen gekommen waren, als sie den Brief gelesen hatte. Sie dachte, jetzt würde sie mich erst einmal nicht mehr sehen. Doch da lag sie falsch.

»Mariechen, morgen früh treffen wir uns in Zimmer drei. Dann zeige ich dir die Blindenschrift«, befahl Fräulein Trutz, eine ältere Lehrerin aus der Blindenanstalt, beim Abendessen. Sie saß, als ich am nächsten Tag den Raum betrat, schon am Tisch, neben sich Tafel und Nagel. »Den braucht man, um in Blindenschrift zu schreiben«, erklärte sie mir. »Der arme Bub aus Frankreich, der Louis Braille, stach sich mit drei Jahren in der Sattlerwerkstatt von seinem Papa mit einem Messer ins Auge und wurde blind.« Sie schüttelte den Kopf. »Das war sehr schlimm für ihn, dass er nicht lesen konnte. Mit 13 hörte er von einer Nachtschrift, mit der man geheime Botschaften übermittelte durch zwölf Punkte, die man in Karton drückte. Statt der zwölf benutzte er nur sechs Punkte pro Zeichen und übertrug Buchstaben statt Silben. Leider ist der gute Herr Braille jung an Tuberkulose gestorben. Aber seine Erfindung, die Blindenschrift, die gibt es noch, und die lernst du jetzt, Mädsche«, kündigte sie an.

Mehrere Stunden pro Tag paukte ich von nun an mit Fräulein Trutz.

Sie erklärte mir, wie das Punktsystem funktionierte: »Es gibt zwei Reihen mit je drei Punkten untereinander. Die Punkte haben Nummern: eins bis drei von links oben nach links unten; vier bis sechs von rechts oben nach rechts unten. Das ›a‹ ist Punkt eins, das ›b‹ ist eins und zwei, das ›c‹ ist eins und vier – zwei Punkte, die oben nebeneinanderstehen. Ab dem ›k‹ geht es wie bei ›a‹ bis ›j‹, nur dass jeweils der Punkt drei dazugenommen wird: ›l‹ ist wie ›b‹ plus Punkt drei – alle drei Punkte links untereinander. Hast du das verstanden?«

Ich nickte. Ohne Luft zu holen, fuhr sie fort: »So geht es weiter, bis zum ›t‹, Punkt zwei, drei, vier, fünf; ›u‹ bis ›z‹ geht wie ›k‹ bis ›o‹, nur dass jeweils Punkt sechs dazukommt …«

Zuerst lernte ich die Vollschrift. Jeder Buchstabe ist ein Zeichen. Man kann sie, im Vergleich zur Kurzschrift, aber nur langsam lesen.

Fräulein Trutz gab mir eine kleine rechteckige Tafel, die man aufklappen konnte und in die man ein Blatt Papier einspannte. Jeweils sechs Löcher für die Buchstaben waren in winzigen Fenstern vorgestanzt. Zum Schreiben in Punktschrift brauchte man einen »Stichel«, einen Holzknauf mit einem Nagel vornedran. Eine der vielen Schwierigkeiten bestand darin, die Punkte für den Text, den man aufschreiben wollte, von rechts nach links und spiegelverkehrt durch das Papier zu drücken. Täfelchen und Stichel waren klein und leicht, und man konnte sich damit unterwegs Notizen machen. Nahm man das Papier heraus und drehte es um, waren die Punkte fühlbar. Das war am Anfang nicht einfach. Meine Hände waren rau von der Hausarbeit, der rechte Zeigefinger hatte eine Hornhautschicht, durch die ich nicht viel fühlte. Also nahm ich den linken. Die Reihen der Zeichen standen eng untereinander; flüssig lesen konnte ich lange nicht. Ich nahm den rechten Zeigefinger zum Führen zu Hilfe. Er blieb am Ende einer Reihe stehen, während der linke an den Beginn der nächsten Reihe wanderte. So ließ ich keine Reihe aus.

Bis ich die Punkte mit dem Finger richtig fühlen konnte, dauerte es Monate, wenn nicht Jahre.

Bauklötze staunte der Direktor, dass ich nach einer Woche die Blindenschrift in der Theorie schon kapiert hatte. Ich wollte beschäftigt werden und plagte die Leute, die noch da waren. Da schickte er mich für die letzten Ferienwochen nach Hause. Ich ging in den Wald und aufs Feld, besuchte Marlies und ihre Pferde. Mama habe ich auch geholfen. Es gab viel zu tun. Papa war oft krank.

Nach den Ferien lernte ich zusätzlich Blinden-Kurzschrift und Schreibmaschine. Das dauerte etwa ein halbes Jahr. Danach ging es los mit Betriebswirtschafts- und Handelslehre. Ich schrieb teilweise in normaler Handschrift, die in der Schule Schwarzschrift hieß, mit, weil ich in Punktschrift noch nicht mitkam. Manchmal habe ich, wenn es hell genug war, die Punktschrift mit den Augen statt mit den Händen gelesen, weil das schneller ging. Die Lehrerin ließ sich aber nicht veräppeln und hielt dann ein Blatt zwischen mich und den Text.

Frankfurter Wecker

»Blindenanstalt. Anstalt für Behinderte und Entrechtete«, stand auf dem Schild an der Pforte. Dagegen wehrte ich mich innerlich. Ich war die Jüngste im Haus und hatte einen guten Sehrest. Entfernung spielte für mein Sehen keine Rolle. Mein Problem war der dünne, weiße Schleier über meinen Augen. Und dass dieser Nebel allmählich dichter wurde.

Im Radio lief jeden Morgen um halb sieben eine Frühsendung, der *Frankfurter Wecker,* die in unserem Haus viele Anhänger hatte. Bei der Sendung war Publikum anwesend, und man konnte live Grüße aus dem Saal schicken. Moderiert wurde sie oft von Peter Frankenfeld. Das Frankfurter Funkhaus, von wo die Sendung ausgestrahlt wurde, lag damals in der Fichardstraße, eine Viertelstunde zu Fuß von der Blindenanstalt.

»Zum *Frankfurter Wecker* würden wir zu gern mal hin. Aber das geht net«, hörte ich eines Morgens ein Mädchen aus unserem Haus sagen. Wir waren 15 junge Leute, die in der Blindenanstalt wohnten. Ein Mädchen besuchte die Schule mit mir, die anderen schafften in den Werkstätten.

»Menschenskind, ihr seid doch hier nicht eingesperrt. Da gehen wir hin«, versprach ich derjenigen, die den Wunsch geäußert hatte. Die meisten anderen wollten auch mitkommen. »In Ordnung. Aber ihr müsst dichthalten«, ermahnte ich sie.

Ich überredete eine Frau vom Personal, mir den Hausschlüssel zu geben. Blindenstöcke hatten wir noch nicht. Also nahmen wir unser dickes Hüpfseil. Alle, die blind waren, reihten sich rechts und links wie eine Schulklasse daran auf, damit sie sich nicht auf die Füße traten. Zwei Erwachsene waren auch dabei, insgesamt bestand unser Trupp aus zehn Leuten. Einige von uns trugen einen gelben Anstecker oder eine Armbinde mit drei schwarzen Punkten. Ich ging vorneweg. Berthold, der auch einen Sehrest hatte, machte das Schlusslicht. Wir hielten das Seil gespannt und gingen hintereinander auf dem Gehsteig. Die Leute, die uns sahen, konnten sich das Lachen nicht verkneifen.

Am Funkhaus warteten schon viele darauf, hineingelassen zu werden. »Ich bringe Blinde«, rief ich den Wartenden zu. »Drinnen im Dunkeln sehe ich nichts. Wer würde sich uns anschließen und uns helfen?« Mit Geleit zogen wir ins Funkhaus ein.

»Ja, was ist denn das?«, lachte der Moderator vor Beginn der Sendung, als wir mit dem Seil in der Hand vor ihm standen. »Das sind ja Leute von der Blindenanstalt.«

Dann ging es los.

Als es so weit war, dass Leute aus dem Publikum Grüße ausrichten konnten, kam der Moderator zu uns und hielt mir das Mikrofon vors Gesicht. Die Chance ließ ich mir nicht entgehen: »Guten Morgen, Herr Wöller, Frau Wöller«, begrüßte ich den Direktor der Blindenanstalt und seine Frau, »wir grüßen Sie aus dem *Frankfurter Wecker*.« Dann zählte ich die Namen aller auf, die dabei waren.

»Wo ist denn die Jugend heute?«, hatte der sich beim Frühstück über unser Fehlen gewundert. Als wir wieder bei der Blindenanstalt ankamen, stand er schon auf der Straße und erwartete uns: »Mariechen, was machst denn du?«, nahm er mich in Empfang. Ihm war klar, dass ich hinter der Aktion stecken musste.

»Ich habe dafür gesorgt, dass die Leute sicher zum *Frankfurter Wecker* und wieder zurück kommen«, gab ich zur Antwort.

»Das kannst du auf dem Land machen, aber nicht in der Stadt. Das gibt einen Brief an die Eltern«, schimpfte er.

»Im Funkhaus hat uns jemand geholfen«, erklärte ich ihm und hoffte, dass er sich beruhigte. Er regte sich aber nur noch mehr auf. Die Eltern von allen, die dabei waren, kriegten einen Brief. Nur meine nicht.

Am Sonntag danach kam Mama mit Anneliese zu Besuch. Der Direktor und seine Frau waren unten im Garten. »Bleiben Sie stehen, ich will mit Ihnen sprechen«, stoppte er meine Mutter mit Anneliese an der Hand. Meine Schwester hatte, wie ich an diesem Tag auch, eine weiße Bluse und einen schwarzen Plisseerock an. Er dachte, ich stünde neben Mama. Ich stand aber im Aufenthaltsraum am Fenster, weil ich auf Mama wartete. »Pscht, seid mal ganz leise«, flüsterte ich den anderen zu und öffnete das Fenster.

»Hat Ihre Tochter Ihnen erzählt, was sie angestellt hat?«, wollte der Direktor in einem strengen Ton von Mama wissen. Ich sah, wie er die überraschte Anneliese am Ohr zog. Das machte er bei uns oft, wenn wir nicht parierten.

»Entschuldigung«, antwortete Mama, »das ist nicht das Mariechen, das ist die Anneliese.«

Ich stand am Fenster und belauschte sie. Alle, die bei mir standen, versuchten, sich das Lachen zu verkneifen, aber es gluckste aus ihnen heraus, bis sie prusteten. Durch das offene Fenster bekam das der Direktor natürlich mit. Sogar die Frau des Direktors, die sonst noch strenger war als ihr Mann, kicherte. Wie ein begossener Pudel stand er da und entschuldigte sich bei meiner Schwester.

»Komm sofort herunter«, rief er. Vor den anderen konnte er mir das nicht durchgehen lassen.

»Ich komm, aber ich krieg kein Peng!«, schrie ich zurück. Als ich unten war, gab er zu, dass er noch nie einen Gruß durch das Radio bekommen hatte und im Grunde stolz auf mich war. Immerhin waren wir alle heil wieder angekommen.

»Was haben Sie für eine tolle Tochter«, schwärmten viele, die im Funkhaus dabei gewesen waren, und bedankten sich bei Mama mit kleinen Geschenken. Berthold war Waise und freute sich besonders über die wichtige Rolle, die er bei unserem Ausflug gespielt hatte. Meine Mutter genoss die Aufmerksamkeit und Anneliese die Schokolade. Ich war selig, denn ich – das Nesthäkchen im Haus – hatte den anderen einen Traum erfüllt.

Ich nahm mir vor, eine Weile brav zu sein. Lange hielt es nicht.

Ein kleiner Park verband die Blindenanstalt mit dem Haus des Direktors, wo er mit Frau und drei Kindern wohnte. In diesem Garten stand ein Apfelbaum, auf den ich oft krabbelte. Wenn die Äbbel reif waren, warf ich sie hinunter, und die anderen versuchten, sie zu fangen. Manchmal bekam auch einer einen an den Kopp.

»Da finden die dich nie«, redete ich einem Mädchen beim Versteckspielen ein und schob sie im Schuppen unter die schwere, zwei Meter lange Zinkbadewanne, die auf den Kopf gedreht dort stand. Damit sie Luft bekam, legte ich einen Stein unter den Wannenrand. Nach einer Dreiviertelstunde fiel mir ein: »Mist, die Erika liegt noch im Schuppen!«

»Haben die so lange gesucht?«, wollte sie wissen, als ich die Wanne hochhob.

»Nein, tut mir leid, ich hatte dich vergessen«, gab ich zu.

Bald kannte ich den Weg zum Holzhausen-Park gut und ging mit meinen blinden Freunden dort spazieren. Ich konnte höchstens zwei mitnehmen, einen rechts, einen links. Wenn jemand noch genug sah, um hintennach zu laufen, gingen wir zu viert. Ich wollte immer, dass möglichst viele rauskamen und mal was anderes erlebten.

Eine junge Frau, die bei uns wohnte, aber auswärts arbeitete, kannte den Weg zu ihrer neuen Arbeitsstelle nicht. Ich führte sie am ersten Tag hin. Von da an konnte sie es alleine. Ich hatte mich aber nicht abgemeldet. Jemand verpfiff mich beim Direktor, der mich prompt einbestellte und schimpfte. Das ließ ich nicht auf mir sitzen. »Sie sind doch für Selbstständigkeit«, wetterte ich, »wie soll die Frau denn selbstständig werden, wenn ihr keiner den Weg zeigt?«

Wenn ich für den Direktor Botengänge machte, gab es keinen Ärger, denn dann wusste er ja, wo ich war und wann ich wiederkommen würde.

Fünf Mark im Monat bekam ich von meinen Eltern als Taschengeld. Selbst das konnten sie sich kaum leisten. Der Direktor ließ mich, wenn ich keinen Unterricht hatte, stundenweise in den Werkstätten arbeiten, schickte mich auf Botengänge, und ich durfte seine Enkelkinder hüten. So konnte ich mir ein paar Mark dazuverdienen und kam über die Runden.

Mit der Zeit erarbeiteten wir uns Kontakte nach außen. Im Frankfurter Nordend, wo die Blindenanstalt lag, gab es Familien, die sich eine Hausangestellte leisten konnten. Die Gruppenleiterin von der Kirchengemeinde organisierte Treffen für Hausangestellte, bei denen auch gesungen wurde. Sie luden mich ein, weil ich stimmsicher war. Manchmal kamen Frauen, die ich dort kennengelernt hatte, zu uns in die Blindenanstalt. Ein anderes Mädchen stellte Kontakt zu Diakonissenschwestern her. Auch von einer evangelikalen Jugendgruppe kamen Leute zu uns ins Haus, um vorzulesen. Mir gefiel es, und es tat uns allen gut. Meinen katholischen Glauben lernte ich noch mehr schätzen, als ich Kontakte zu Christen anderer Glaubensrichtungen bekam. Ich war aber offen: Mein Glaube hatte nichts Verklebtes.

Auch Ausflüge, zum Beispiel in die Oper, organisierte die Blindenanstalt für uns. Die meisten, die dort wohnten, waren Erwachsene, die in den Werkstätten arbeiteten, und diese hatten einen Schlüssel. Sie waren nicht eingesperrt, wie ich zuerst gedacht hatte. Es war wie betreutes Wohnen.

»Mariechen, kommst du mit in die ›Kurbel‹?«, fragte Otto, einer der wenigen Jungen in der Blindenanstalt, mich an einem Mittwochmittag beim Essen. Die »Kurbel« war das Kino vor Ort. Er wollte auch einmal ein Mädchen ausführen und damit angeben. Ich sagte zu. Wir gingen nachts um zwölf in die Spätvorstellung. *Vier Mädels aus der Wachau*[2] hieß der Film, in dem Hans Moser, die Kessler-Zwillinge sowie Isa und Jutta Günther mitspielten. Ich konnte die Dirndl der Frauen erkennen. Otto hatte eine dicke Brille. Er besaß ein gutes Restsehvermögen und sah deutlich mehr als ich.

Bei unserem Ausflug schenkte er mir Schokolade. Ich war so unerfahren, dass ich mich nicht traute, etwas davon zu essen oder ihm anzubieten. In der Blindenanstalt hatte ich mich nicht abgemeldet. Sie hätten mich nie gehen lassen. Ich hatte eine Vertraute im Personal, die mir den Schlüssel zugesteckt hatte. Sie wusste, dass sie sich auf mich verlassen konnte.

Das war das erste Mal, dass ich mit einem Mann ausging.

Vogel, friss oder stirb

Das konnte ich mir auf keinen Fall entgehen lassen: eine Sonnenfinsternis. Alle wollten gucken, wie der Mond sich vor die Sonne schiebt. Zusammen stürmten wir die Treppe hinunter und hockten uns auf eine Bank im Garten der Blindenanstalt. Wir boxten uns gegenseitig in die Rippen und kämpften um den Platz in der Mitte. Die Sonne knallte vom Himmel und verbrannte die frisch gemähte Wiese. Dann fing es an: Langsam legte sich eine Dunstglocke über das Helle, es wurde trüber und trüber, bis wir fast im Dunkeln saßen. Die Vögel hörten auf zu pfeifen. Keiner sagte ein Wort. Minutenlang war es so finster wie an einem nebligen Novembertag. Nur langsam, wie wenn ein Motor anläuft, kam die Sonne wieder.

Als sie so hell schien wie zuvor, sausten wir hoch, um Hausaufgaben zu machen.

Dieser Tag ist mir auch aus einem anderen Grund besonders in Erinnerung geblieben, und zwar wegen Walli, einer anderen Hausbewohnerin. Walli lernte Schreibmaschine und Blindenschrift. Vorher hatte sie in Wiesbaden in einer Zellophan-Fabrik gearbeitet. Hin und wieder hatte sie Sehstörungen gehabt, und ihr Chef hatte sie deshalb zum Arzt geschickt. »Es könnte sein, dass Sie blind werden, schulen Sie um«, hatte der ihr geraten. Sie war vorsorglich in die Blindenanstalt aufgenommen worden und galt bei uns als Sehende. Bei der Sonnenfinsternis war sie nicht mit uns draußen gewesen, sondern hatte sie aus dem Zimmer eines jungen Mannes verfolgt. Es lag, wie meins auch, auf der Nordseite, genau ein Stockwerk darunter.

Als wir schon wieder bei den Hausaufgaben saßen, hörte ich sie durch das offene Fenster von unten zu dem jungen Mann sagen: »Mensch, es ist ja immer noch stockdunkel. Mach doch mal das Licht an.«

»So ein närrisch Ding«, dachte ich, »die Sonne scheint doch längst wieder. Die will uns veräppeln.«

Ich riss das Fenster auf und schrie hinaus: »Was erzählst denn du da? Es ist taghell!«

Es dauerte einen Moment, bis sie mit erschrockener Stimme antwortete: »Warte mal, ich komme zu dir hoch.« Ich hörte sie die Treppe hochpoltern, dann stürzte sie in unser Zimmer und fiel mir in die Arme. Ihr Kopf war dunkelrot, das Gesicht schweißnass – irgendetwas war komplett nicht in Ordnung. Mir lief es heiß und kalt den Buckel hinunter. Fast wäre sie auf den Boden gefallen. Ich zog sie auf mein Bett. Jetzt wurde sie kreidebleich, lag ganz schlaff da. Ich spritzte ihr aus einer Flasche, die neben meinem Bett stand, Wasser ins Gesicht. Schluchzend kam sie wieder zu sich: »Du, ich sehe nichts mehr, für mich ist alles schwarz.«

»Mach keinen Scheiß.« Ich rüttelte sie an der Schulter.

»Ich mach keinen Scheiß«, jammerte sie.

»Seit wann hast du das?«, wollte ich wissen.

»Seit ich unten aus dem Fenster geguckt hab. Da wurde es Nacht.«

Ich habe sie erst einmal heulen lassen. Meine Zimmerkollegin hatte alles mitbekommen. »Geh mal die Direktorin holen«, bat ich sie.

Wallis Sehkraft kam nicht wieder.

Zu Beginn hatten wir Handelsschüler nur beim Direktor Unterricht. »Vogel, friss oder stirb«, sagte er oft, wenn einer von uns etwas nicht kapierte. Wir sollten selbst ausprobieren und üben. Bald merkte er, dass er den Unterricht alleine nicht schaffte, wir waren einfach zu viele. Da stellte er einen blinden Lehrer ein, der gutmütig war wie ein großer Bub. Wir haben das ganz schön ausgenutzt.

»Was rappelt denn da?«, schrie der Lehrer und sprang auf, um meinen Klassenkameraden festzuhalten, der sich die Bogenmaschine – eine schwere Schreibmaschine für Blindenschrift – mitsamt Kasten zwischen die Beine geklemmt hatte. Ehe der Lehrer merkte, was los war, ritt er damit durch das Klassenzimmer und brüllte: »Alles, was net angebunden ist, ist lose!« Fast wäre der Lehrer über ihn gefallen, als er versuchte, ihn einzufangen. Was haben wir gegackert! Eine Menge zusätzlicher Hausaufgaben hat der uns an dem Tag aufgebrummt.

In der Klasse waren viele kriegsblinde Erwachsene. Mit denen konnte er nicht umspringen wie mit uns Jugendlichen.

Wenn die Schule früher als geplant aus war, brachte ich den Lehrer heim, denn er kam alleine noch nicht zurecht in der neuen Umgebung.

Kochen, Backen und Putzen lernten wir Mädchen von der Direktorin. Sie unterstützte ihren Mann in der Erziehungsarbeit und brachte uns bei, im normalen Leben zurechtzukommen. Die Buben hatten in der Zeit Sport beim Leiter der Werkstätten. Zweimal die Woche holte die Direktorin die Mädchen zusammen und teilte uns in Gruppen ein. Die einen mussten die Vorspeise zubereiten, die anderen den Hauptgang, die dritten den Nachtisch. Vor Weihnachten haben wir Plätzchen gebacken. »Wie hast du es daheim gemacht?«, wollte die Direktorin öfter von mir wissen, weil ich Erfahrung hatte. Dann gab ich ihr gerne Antwort.

Nicht alle waren von unseren Backversuchen begeistert. »So ein Gematsch – die Plätzchen würde ich nicht essen«, rief einmal die Mutter einer Schulkameradin, die ihre Tochter besuchte und uns beim Backen zuschaute. Da wetzte ich hoch in mein Zimmer, holte meine schönsten Plätzchen und hielt sie ihr unter die Nase: »Essen Sie die? Die haben wir zusammen gebacken, ihre Tochter und ich.« Da war sie ruhig.

Die Leute meinen, wenn man etwas mit den Händen zubereitet, wäre es nicht hygienisch. Aber das stimmt nicht. Man muss sich nur immer wieder die Finger waschen.

Die Direktorin hat uns zur Ordnung erzogen. Ab und zu hat sie sogar unsere Schränke kontrolliert. Einmal hatte ich im Herbst einen Sommerrock an. »Den ziehst du besser aus, Mariechen, und einen Dunkleren an«, ermahnte sie mich. Obwohl ich öfter ihre Enkel hütete, ließ sie mir nichts durchgehen.

Die Abschlussprüfung rückte näher.

»Du schaffst das«, war sich der Direktor sicher und meldete mich an. Ich war erst zweieinhalb Jahre in der Blindenanstalt und sollte schon die Prüfung der Industrie- und Handelskammer für Stenotypistinnen mitschreiben. Über hundert Prüflinge saßen an diesem Sonntag im November 1955 in einem Saal ohne Fenster. Ich war die einzige Blinde. Der Prüfer diktierte zehn Minuten lang in einer Geschwindigkeit von 120 Silben pro Minute. Die anderen schrieben per Hand auf einen Block, ich hackte den Text in die Stenomaschine. Sie ist so groß wie eine kleine Eierschachtel, hat sechs Tasten für die sechs Punkte der Blindenschrift und eine quer liegende Leertaste. Sie drückt die Punkte durch einen Papierstreifen, der auf der Seite herausläuft. Einige Prüflinge störte das Geklapper meiner Maschine. Ich musste mich hinten in die letzte Reihe setzen. Daraus habe ich mir nichts gemacht. Alle haben gebibbert, ob sie die Prüfung schaffen. Viele waren schon älter und vom Krieg nervlich angegriffen. Nach dem Vorlesen hatten wir eine halbe Stunde Zeit, unser Geschriebenes mit der Schreibmaschine in Schwarzschrift zu übertragen. Als ich die Nachricht bekam, dass ich bestanden hatte, führte ich einen Freudentanz auf.

Doch bald beschäftigte mich die Frage: »Wie geht es weiter, wenn du in sechs Wochen die Schule verlässt?«

Am 19. März 1956 trat ich meine erste Stelle an. Wieder hatte sich der Direktor als mein Verbündeter gezeigt. Er hatte mit einem Kaufhaus an der Frankfurter Zeil Kontakt aufgenommen und gefragt, ob sie eine Bürokraft brauchten. Ich durfte mich vorstellen. Alles war im Aufbau nach dem Zweiten Weltkrieg, die deutsche Wirtschaft wuchs schnell, und gut ausgebildete Arbeitskräfte waren gefragt.

Wir Schreibkräfte saßen alle in einem großen Raum. Die Abteilungsleiter diktierten die Briefe in ein Gerät, das den Text auf eine Art Schallplatte aufzeichnete. Diese Tonträger legten wir in einen Apparat, setzten Kopfhörer auf und schrieben das Gehörte mit der Maschine. Abends kontrollierte jemand, wie viel wir geschrieben hatten. Nach meiner Probezeit von einem Vierteljahr hieß es, ich hätte die Erwartungen erfüllt. 490 Mark im Monat kriegte ich in der Probezeit, 560 danach, und nach einem Dreivierteljahr über 600 Mark. »Wir wussten immer, dass aus dir etwas wird. Du hast dich immer durchgesetzt. Wir wussten, dass du dein Leben in die Hand nimmst«, lobte Mama.

Marlene hieß ein Laufmädchen in unserem Unternehmen. Sie kam aus Okarben, war drei Jahre jünger als ich und verteilte Post. Ich fand sie viel zu klug für so eine Arbeit. Sie stammte aus einer Flüchtlingsfamilie und hatte acht Geschwister, deshalb konnte sie keine Ausbildung machen. »Ich bringe dir Schreibmaschine bei«, bot ich an. Sie war einverstanden und lernte schnell. Später meldete ich sie bei einer Bekannten an, die ihr für wenig Geld Stenografieren zeigte. Ich hatte nicht viele Freundinnen, aber Marlene war eine echte.

Ich wohnte die ganze Zeit weiter in der Blindenanstalt. Einmal im Monat konnte ich es mir leisten heimzufahren. Von der Blindenanstalt bekam ich jeden Tag Leberwurstbrot mit, damit ich tagsüber versorgt war. Nach einer Weile fing ich an, mich vor Leberwurst zu ekeln. Ich bestellte die Brote ab und holte mir mittags belegte Brötchen.

Ich erinnere mich an einen Freitagnachmittag, an dem ich mir freigenommen hatte. Immer schneller ging ich auf dem Weg von der Bushaltestelle zur Mühle. Zu Hause war es still. Mama war noch auf dem Feld. Auf Zehenspitzen betrat ich das Wohnzimmer. Papa lag auf dem Sofa wie ein Fragezeichen und wimmerte.

»Geht es dir nicht gut?«, begrüßte ich ihn. »Soll ich dir einen Tee kochen?«

»Mhh.«

Ich setzte Wasser auf, nahm ein Päckchen Tee aus dem Schrank. Die Schafgarbe knisterte zwischen meinen Fingern, als ich sie aus der Tüte nahm und in die Tasse gab. Ich überbrühte die Blätter, deckte die Tasse zu und trug sie ins Wohnzimmer. Dann hockte ich mich neben ihn auf den Stuhl. Nach einer Weile schaute ich auf die große Herrenuhr an meinem Handgelenk. Ihr Zifferblatt erkannte ich noch. Ich goss den Tee durch ein Sieb und hielt Papa die Tasse hin. Er war eingeschlafen.

Er jammerte nicht, aber ich merkte, dass er Schmerzen hatte. Sie stammten von den Magengeschwüren aus dem Krieg. Im August 1956 verschlimmerte sich sein Zustand. »Es ist besser, wenn du abends hier bist und mir hilfst, ihn zu pflegen«, bat Mama. Rita hatte eine Lehre als Verkäuferin angefangen, Anneliese hatte geheiratet und war ausgezogen. Inzwischen hatte sie auch Kinder, von denen Mama tagsüber immer das jüngste hütete.

Ich zog also wieder nach Hause. Wenn Papa Atemnot hatte und die Treppe in den ersten Stock nicht hochkam, schleppte ich ihn. Er ging seitlich, hielt sich mit den Händen am Geländer fest, und ich zog ihn Stufe für Stufe hoch.

Viertel vor sechs musste ich morgens von der Mühle los, um pünktlich in Frankfurt zu sein. Im ersten Jahr verdiente ich wenig, da fuhr ich über Höchst. Das dauerte länger, kostete aber nur 60 Pfennig. Ab dem zweiten fuhr ich über den Hauptbahnhof zur Hauptwache. Das war teurer, ging aber schneller. Immerhin musste ich keine Miete mehr bezahlen. Wenn die Straßenbahn ausfiel, konnte ich die 20 Minuten zur Arbeit zu Fuß gehen. So viel habe ich noch gesehen.

Nach den ersten vier Wochen in der neuen Stelle musste ich Lehrlinge an der Frankiermaschine einweisen. Das war nicht leicht, weil ich nicht immer sah, wenn sie einen Fehler machten. Einmal ließen sie Briefe mit sieben Mark Porto durchlaufen statt mit sieben Pfennig, die die Drucksachen eigentlich gekostet hätten. »Ich bin sehbehindert und habe nicht gemerkt, dass die Lehrlinge die Briefe falsch frankiert haben«, meldete ich meinem Chef. »Sie müssen dafür geradestehen und sich bei der Post das Zu-viel-Frankierte vergüten lassen«, entschied er. Eine Kollegin begleitete mich zur Poststelle in einen Laden nebenan. Ich war froh, als die Sache erledigt war.

Manchmal hatte ich die Verantwortung für 25 Lehrlinge. Angemessen bezahlt wurde ich nicht. Mit der Zeit fühlte ich mich ausgenutzt. Dazu kamen die langen Arbeitszeiten von morgens um acht bis halb sieben am Abend und die weiten Wege. 1961 sah ich mich nach einer anderen Arbeit um.

»Wir nehmen prinzipiell keine Behinderten«, hatte es früher bei der Firma in Höchst geheißen, als ich nachgefragt hatte, ob sie eine Stelle im Büro für mich hätten. Als Begründung nannte man Gefahrenzonen, Fluchtwege, die schwierigen äußeren Bedingungen für Menschen mit Behinderung. Doch die Zeiten änderten sich. Nach dem Zweiten Weltkrieg gab es viele sogenannte Kriegsblinde, die gut ausgebildet waren, aber ihr Augenlicht verloren hatten. Am Anfang hat man nur sie gefördert. Nach und nach bekamen »Zivilblinde« wie wir die gleichen Rechte. Behindertenverbände entstanden oder wurden wiederbelebt und sorgten dafür, dass Menschen mit Behinderung stärker integriert wurden und am Arbeitsleben teilhaben konnten.

Diesmal fragte ich nicht nur, sondern bewarb mich bei der Firma in Höchst, als diese Bürokräfte suchte. Ich war nicht die einzige blinde Interessentin: Wir waren zu sechst. Gesetze für die Gleichstellung von Menschen mit Behinderung waren inzwischen in Kraft und stärkten unsere Position. Auch der Direktor der Blindenanstalt hatte sich für mich und die anderen eingesetzt, einen Personaler des Unternehmens kontaktiert und eine betriebsinterne Prüfung arrangiert, ähnlich der, die ich vorher bei der IHK absolviert hatte. Steno- und Schreibmaschineschreiben, auch das Reinigen von Maschinen, gehörten dazu. Sie sollte beweisen, dass wir trotz unserer Blindheit genauso gute Arbeitskräfte waren wie Bewerber, die sehen konnten. Alle schnitten gut ab.

Die Nitribitter

Zum 15. November 1961 stellten sie uns alle ein. Zuerst arbeitete ich für die Chemieabteilung im zwölften Stock des Bürohochhauses. Wir saßen zu viert in einem Büro. Wenn ein Sachbearbeiter einen Brief schicken wollte, rief er eine Schreibkraft zu sich. Im ersten Halbjahr durfte ich nur Inlandspost schreiben, danach auch Briefe für das Ausland. Später zogen wir ein paar Stockwerke tiefer in ein Großraumbüro. Dort war es schwieriger, sich zu konzentrieren, weil die Sachbearbeiter, für die wir eingeteilt waren, zu uns kamen und alle im selben Raum diktierten. Abends kontrollierte unser Vorgesetzter, wie viel jede geschafft hatte. Der Vorteil des Großraumbüros war, dass wir einander kennenlernen und uns gegenseitig helfen konnten. »Schreibst du mal einen Brief oder zwei unter meinem Zeichen?«, bat mich hin und wieder eine Kollegin, wenn sie länger Mittagspause machen wollte. Klar habe ich ihr geholfen. Ich habe mich selten vertippt. Wenn es doch einmal passierte, fragte ich eine Kollegin: »Kannst du mal gucken? Ich sehe das nicht so gut.«

Meine Kolleginnen versuchten herauszufinden, wie viel ich noch sah. Sie tauschten ihre Kleidung und dachten, dass ich sie dann verwechseln würde. Ich erkannte sie aber an den Stimmen.

Mir gegenüber saß eine ältere Dame. Sie hätte in Rente gehen können, aber nach dem Krieg ließ man alte Leute weiterarbeiten, wenn sie wollten, weil man Arbeitskräfte brauchte. In ihrer Handtasche schleppte sie ihr ganzes Inventar mit: Briefe, Rechnungen und Bildchen, die ihre Enkelkinder für sie gemalt hatten. »Das ist doch Schrott, wirf das doch in den Papierkorb«, sagten wir jungen Dinger. Sie machte es wirklich. Meine Kolleginnen zündeten das Papier im Metallkorb an, damit sie es nicht wieder herausfischen konnte.

Ich hatte davon nichts mitbekommen und weiß noch genau, wie es auf einmal knisterte, mich Rauch in der Nase biss und Flammen neben mir aus dem Mülleimer schlugen. »Es brennt, es brennt!«, schrie ich und rannte raus. Mein Herz raste, ich konnte mich nicht beruhigen. Meine Kolleginnen, die das Papier im Korb angezündet hatten, warfen rasch ein Tablett über die Öffnung des Metalleimers und erstickten das Feuer.

Alle wunderten sich und wollten wissen, warum ich so reagiert hatte. Die Erklärung war einfach: In mir steckte noch die Angst aus dem Krieg. Die Lichter der Bomben und den Brandgeruch habe ich nie vergessen.

Schon als Kind hatte ich mich vor offenem Feuer gefürchtet. Oft musste ich alleine den Herd anschüren, wenn die anderen noch unterwegs waren. Ich setzte mich davor, stopfte Stroh rein, ratschte ein Streichholz an der Reibefläche der Schachtel entlang, bis ein Flämmchen zischte. Mama wollte, dass ich das Streichholz eine Weile hielt, bis es richtig brannte. Doch mit dem Hölzchen in der Hand zitterte ich am ganzen Körper. Hastig schmiss ich es durch die Öffnung in den Herd und hoffte, dass das Stroh Feuer fing. Ging es an, warf ich Papier, getrocknete Tannenzapfen und Reisig hinterher. Wenn es nicht anging, obwohl ich es drei, vier Mal versucht hatte, lief ich zur Nachbarin: »Kannst du mal kommen? Ich bring das Feuer net an.« Sie lachte dann, nahm mich an die Hand und ging mit mir.

In unserer Abteilung hatten wir immer Blödsinn im Kopf. Eine Kollegin kam morgens oft in roten Stöckelschuhen, wie Rosemarie Nitribitt sie getragen hatte. Die zog sie aus, wenn sie ankam, schlüpfte in Büroschuhe, und stellte die hochhackigen in den Schrank mit dem Kopierpapier. Der ganze Schrank muffelte. »Stell deine Schuhe doch woandershin«, sagten wir ihr immer wieder, aber sie hörte nicht darauf. »Du, die hat ihre Käsequanten schon wieder in den Papierschrank gestellt«, flüsterte meine Tischnachbarin mir zu.

Eines Abends suchte die Kollegin ihre Stöckelschuhe. Sie suchte und suchte, fand sie aber nicht. »Habt ihr meine hohen

Schuhe gesehen?«, fragte sie bei uns und in anderen Abteilungen. Keiner wusste was. Da gab sie auf und watschelte in ihren Bürotretern nach Hause. Am nächsten Morgen waren ihre Stelzen immer noch weg. Um elf kam ein Kollege aus dem Stockwerk über uns: »Hier, Frau Bertold, Ihre ›Nitribitter‹. Im Paternoster haben die aber wirklich nichts zu suchen.« Sie wurde so rot wie die Schuhe, die gerade wieder aufgetaucht waren.

Ich kicherte in mich hinein. Jemand hatte sie in den Aufzug gestellt, sie waren die ganze Nacht zwischen dem ersten und dem zwölften Stock spazieren gefahren.

Im Papierschrank standen sie ab dem Tag nie mehr.

So einen Spaß konnte ich nicht auslassen, doch eigentlich war mein Kopf mit anderen Dingen beschäftigt.

Rin, rin – egal wie

»Wenn du mal groß bist, bauen wir«, hat Mama immer zu mir gesagt. Mamas Eltern hatten ein eigenes Haus, in dem ich die ersten Jahre aufgewachsen bin. Die Godi hatte es mit ihrem Mann übernommen. Wir hatten dort zur Miete in zwei Zimmern gewohnt, bis wir in die Mühle umgezogen waren. Dort habe ich mit Rita in einem Bett geschlafen. Das war normal. Ich war 13, als ich ein eigenes bekam. Auf der Mühle lebten wir in zwei Zimmern: Im kleineren schliefen wir drei Mädchen und im Wohnzimmer die Eltern, weil sie zuerst aufstehen mussten.

Im Sommer badeten wir im Bach. In der Übergangszeit, wenn es kühler wurde, wuschen wir uns in einer Zinkwanne in der Waschküche. Im Winter schleppten wir eine Plastikwanne in die Küche, machten Wasser auf dem Herd heiß und schrubbten uns dort.

Mariechen mit ihrer jüngeren Schwester

Vom Wohnzimmer aus konnte man hinüber zum Dorf und auf die Weiden im Wiesengrund schauen, aber Besuch wollten meine Eltern trotz des Ausblicks nicht so gern einladen, weil ihre Betten im Wohnzimmer standen. Im Flur neben uns wohnte ein Förster mit seiner Familie. Wenn jemand aus dem Haus auf den Dachboden wollte, musste er bei uns klopfen, denn die Ausziehtreppe war in unserer Küche.

1955 heiratete Anneliese, 1956 wurde Rita mit der Schule fertig, Papa und ich hatten Arbeit. 1957 erschloss die Gemeinde Getreidefelder, die an die geplante Umgehungsstraße grenzten, als Baugebiet. Diese Bauplätze kosteten nur einen Bruchteil von dem, was sie woanders verlangten. In der Bürgerversammlung schauten wir uns die Pläne an.

»Jetzt sind wir aus dem Gröbsten raus und können uns was leisten, jetzt greifen wir zu«, strahlte Mama, als wir wieder zu Hause waren. Papa wollte so viel wie möglich selbst machen. »Mariechen, komm doch mal zu mir an den Tisch«, rief er, »und male ein Häuschen.« Ich holte meinen karierten Block, Bleistift und Radiergummi. Mama schaltete das Deckenlicht an, damit ich die Karos sehen konnte.

»Wir brauchen Wohn- und Schlafzimmer«, überlegte Papa, »eine Küche, ein Klo und ein Bad.«

»Wieso ein Bad?«, widersprach Mama. »Wir können doch in der Waschküche baden, wie bisher.«

Davon wollte Papa nichts wissen. Er wollte ein modernes Haus. »Ein Hohlblock ist 25 Zentimeter stark, ein Backstein zwölf«, erklärte er. »Zwischen Küche und Schlafzimmer kommen tragende Wände, zwischen Klo und Bad Backsteinwände – rechne das aus!« Er plante für unser Haus einen Grundriss von acht mal neun Metern. Pro Karo habe ich 50 Zentimeter angesetzt, Wände, Türen und Fenster eingezeichnet und einen Schornstein, der ein Kästchen brauchte, einen halben Meter im Quadrat. Der Flur war zwei Kästchen breit. Papa gab meinen Plan einem befreundeten Architekten: »Wenn wir unser Haus so bauen, wie teuer kommt das?«

Ich war noch keine 20, aber der Architekt hielt sich stur an meinen Plan. Er wendete nicht einmal ein, dass der Flur zu schmal war. Er rechnete drei Tage und sagte Papa dann den Preis. So machen wir es, beschlossen wir.

Im Herbst 1957 konnten wir anfangen zu bauen. Meine Freundin Marlene und ihre Geschwister kamen aus Okarben, hoben mit uns Gräben aus und schleppten Wasser für den Beton in Eimern aus dem Bach herbei. Nachbarn und Freunde packten mit an. Papa kontrollierte, ob wir alles richtig machten, und arbeitete nach. Geredet hat er nicht viel. Mama hat für uns alle gekocht. Marlenes Mutter war froh, wenn ein paar ihrer Kinder für einen Tag versorgt waren. Wir legten das Fundament und mauerten den Keller hoch. Als die Decke drauf war, konnten wir ein Darlehen beantragen. Ich schrieb alle Anträge, Mama legte sie auf den Ämtern vor. Ab und zu habe ich sie begleitet, obwohl ich dafür extra Urlaub nehmen musste. So bauten wir Zug um Zug, und nach jedem fertigen Abschnitt beantragten wir ein neues Darlehen. Es war gut, dass das Haus nicht teurer kam als geplant.

Der obere Stock sollte nicht nur Dachboden werden, sondern eine normale Wohnung. Vier Steine mussten wir auf die Decke des ersten Stockes mauern, fünf durften wir. Kniestock heißt diese Außenmauer, auf der das Dach aufliegt. Für eine normale Raumhöhe reichten die fünf Steine nicht aus. Ein Maurer gab uns den Rat, einfach weiter als erlaubt in die Höhe zu bauen. Das machten wir auch.

Am Tag der Abnahme durch die Behörden blieb ich daheim. Zwei Männer vom Bauamt kamen mit dem Zollstock, schauten sich die Pläne an und maßen nach. Im oberen Stock hielt ich die Luft an. »Da stimmt was nicht«, polterte der eine, »hier sind sechs Steine vermauert statt fünf.«

»Ich bin blind und haue mir den Kopf an, wenn die Decke niedrig ist«, erklärte ich. Sie schauten mich erstaunt an, berieten sich und genehmigten uns dann den Bau, wie er war. Für die größere Raumhöhe im oberen Geschoss mussten wir einhundert Mark Strafe zahlen.

»Rin, rin, egal wie« war Mamas Motto für den Einzug. Nichts war fertig, außer Schlafzimmer und Wohnzimmer im Erdgeschoss, als Mama, Papa, Rita und ich Ostern 1960 einzogen. Wir konnten nicht länger warten, da die Vermieterin von der Mühle Eigenbedarf angemeldet hatte. Das Klo war einsatzbereit, die Badewanne gesetzt, der Boiler für das warme Wasser fehlte noch. Bis er montiert war, kochten wir Wasser im Waschkessel und schleppten es zum Baden nach oben. In der Waschküche kochten wir auch unser Essen, bis die Küche oben fertig war.

Als wir schon zwei Jahre im Haus wohnten, wurde endlich die Straße gebaut. Dafür mussten wir einen Teil unseres steilen Grundstücks abgeben. Dieser wurde abgegraben, und dabei entstand ein senkrechter Abhang nahe unserem Haus. Die Stützmauer für diesen war noch nicht fertig geworden, und der Hang war am Abend nicht befestigt. »Betet zum Herrgott, dass es heute Nacht nicht regnet, sonst stürzt euer Haus ab«, riefen die Arbeiter vom Straßenbauamt uns zu, bevor sie heimgingen.

Wir haben gebetet und ruhig geschlafen. Kein Tropfen ist vom Himmel gefallen.

Anneliese wohnte damals mit ihrem Mann und ihren drei Kindern bei der Godi in der Wohnung, dort, wo wir aufgewachsen waren. 1960 war das vierte unterwegs und damit klar, dass sie dort nicht bleiben konnten. Im Dezember zog sie mit ihrer Familie in die obere Wohnung bei uns im Haus und wir in die untere. Im Mai darauf kam ihr viertes Kind zur Welt. Wir waren froh, dass wir zwei komplette Wohnungen hatten. Wir sind zusammengerückt: Papa schlug sein Kastenbett im Wohnzimmer auf. Bei mir im Bett schlief eines von Annelieses Kindern. Rita und Mama teilten sich ein Bett. Im Lauf der folgenden Jahre kamen zwei weitere Kinder, beim letzten wohnte Anneliese schon mit ihrer Familie in einer eigenen Wohnung.

Ich will auch eigene Kinder, beschloss ich. Doch kein Mann war in Sicht.

Patron der Schlappsäcke

Ich trug, seit meine Zöpfe ab waren, eine Kurzhaarfrisur mit Dauerwelle. Mama hatte mir für besondere Anlässe eine Perücke mit längerem, lockigem Haar gekauft, weil Kurzhaarfrisuren damals noch nicht in Mode waren.

»Wenn keiner das Mariechen auffordert, machen wir das«, versprachen die Brüder meiner Freundin Marlene, wenn wir am Wochenende zum Tanzen gingen. Es war schwierig für mich mitzubekommen, wenn einer mit mir tanzen wollte. Viel lief über Blickkontakt. Meine Freunde sagten mir, wenn ein Mann mir zuwinkte oder -nickte. Einmal bin ich daraufhin zügig auf einen Tanzpartner zugelaufen und dabei zwei Stufen hinunter in seine Arme gefallen. Er hat sich ziemlich erschrocken. Ich habe ihm erzählt, dass ich sehbehindert bin. Nach dem Tanzen hat er mich übertrieben vorsichtig an den Platz zurückgebracht.

Wenn ich abends ausging, nahm ich meine jüngere Schwester mit. Marlenes Mutter hatte nichts dagegen, wenn Rita und ich nach einem Tanzabend bei ihrer Familie übernachteten – unter einer Bedingung: »Ihr müsst bis vier Uhr morgens wegbleiben, damit wir in Schichten schlafen können.« Wir tanzten, bis uns die Füße brannten, und schlüpften morgens in ein warmes Bett. Unsere Mutter passte dafür öfter auf Marlenes jüngere Geschwister auf. Ich war inzwischen 25, und Mama war meine Freundin geworden. Ich habe sie in alles eingeweiht, trotzdem hat sie mir wenig reingeredet. Manchmal hat sie mich begleitet, wenn ich weggefahren bin, und so ist sie auch mal rausgekommen.

»Da will ich hin!«, rief ich. »Mama, kommst du mit?«

Vom 6. bis 9. Juni 1963 fand in Konstanz ein Kongress der katholischen Blindenvereinigungen statt, las ich aus der Zeitung vor. In den 1950ern fingen die Kirchengemeinden an zu erfassen, wo blinde Menschen wohnen. Die Mobilität von Blinden war damals gering. Beim ersten Treffen in Limburg waren wir zu neunt. Unser Pfarrer bat mich, für die Kirchenzeitung über den Kongress zu schreiben, damit die Leser erfahren, dass die Kirche sich für Menschen mit Behinderung aktiv einsetzt, und ihre blinden Angehörigen zu Veranstaltungen des Bistums anmelden. Es war mühselige Kleinarbeit, Blinde zu finden. Die Leute schämten sich und versteckten Verwandte mit Sehschwäche. Das Deutsche Katholische Blindenwerk (DKBW) gab es damals noch nicht, es wurde erst 1969 gegründet. Der Kongress sollte den Austausch zwischen Engagierten in Deutschland, Österreich, der Schweiz und Südtirol fördern.

Von der Blindenanstalt kannte ich zwei Mädchen aus Offenbach, Gudrun und Ute. Ute war drei Jahre älter als ich, wollte auch mit nach Konstanz fahren, fand aber niemanden, der sie begleitete. Sie hatte eine Ausbildung gemacht und konnte sich die Fahrt leisten. Ihre Schwester Gudrun, drei Jahre jünger als ich, kümmerte sich um die Eltern und hatte keinen Beruf. »Wir nehmen dich gerne mit«, bot ich Ute an, »wenn du Gudrun ermöglichst, dass sie auch mitkann.« Meine Schwester Rita war geübt im Führen. Sie war die Begleitperson für Ute und Gudrun, Mama für mich. Zusammen mit einer anderen Blindengruppe fuhren wir mit dem Zug nach Konstanz. Auch dabei war Isolde aus Kronberg, eine große, kräftige Frau mit einer poetischen Ader, die ihren Glauben sehr ernst nahm. Manchmal war es etwas anstrengend mit ihr. In Konstanz fanden wir schnell unsere Unterkunft, nicht weit vom Hauptbahnhof. Dort wollten wir Isoldes Begleiterin Marita treffen. An der Rezeption stand schon eine Schlange. Isolde war nervös, weil sie sich mit ihrer Begleiterin zusammen anmelden musste. Um Marita, ohne sie sehen zu können, zu finden, rannte sie im Eingangsbereich hin und her und schrie: »Marita, Mariiiiiiitaaaaaa!« Einige schimpften, weil sie so ein Theater machte.

Schritt für Schritt ging es voran. Noch vier vor uns, noch drei, noch zwei, jetzt waren wir dran. Noch immer hatte Isolde ihre Begleiterin nicht gefunden. Da, endlich: »Isolde«, rief eine schwarzhaarige Frau, lief auf sie zu und fiel ihr um den Hals.

In ihrer überdrehten Art antwortete Isolde ganz ernst: »Marita. Der heilige Antonius, der Patron der Schlappsäcke, hat dich geschickt. Er hat mir Menschen finden helfen.« Das klang so verrückt, dass ich laut losprusten musste. Rita erging es nicht anders. Wir hielten uns den Bauch vor Lachen. Die Tränen kullerten mir übers Gesicht, ich fing an zu hicksen, wir fanden kein Ende. Bald waren wir zu erschöpft zum Lachen, aber sobald ich Rita anguckte, ging es gleich wieder los.

Ute und Gudrun kriegten nicht viel mit, weil sie schwerhörig waren.

Am nächsten Morgen strömten alle ins Kongressgebäude. Über dreihundert Stühle standen da in Reihen. Manche Gäste hatten weiße Stöcke dabei. Einige kannte ich, und wir begrüßten uns. Neben mir saß ein junger Mann. »Guten Morgen, wer sind Sie?«, sprach ich ihn an.

»Ich bin Josef Müller«, stellte er sich vor, »ich lebe zurzeit in Heilbronn.«

»Ich bin Mariechen Becker«, antwortete ich, »aus dem Bistum Limburg. Ich schreibe einen Artikel für die Kirchenzeitung.«

»Ich schreibe für die Bistumszeitung Rottenburg«, erwiderte er und schlug vor, dass wir uns austauschen.

»Sag mal, was war gestern eigentlich los? Ihr habt gebrüllt vor Lachen«, wollte Ute wissen, die neben mir saß. Ich grinste: »Soll ich dir vormachen, wie das ging?« Auch mein Sitznachbar schaute aufmerksam zu. Ich stand auf, ging ein paar Meter weg, sprang hin und her, schmetterte ein paarmal »Mariiiiitaaaaa«, stürzte auf Ute zu, nahm sie in den Arm und brüllte, so laut ich konnte: »Der heilige Antonius, der Patron der Schlappsäcke, hat dich geschickt. Er hat mir Menschen finden helfen!«

Beide prusteten wir los. Der junge Mann neben mir sagte: »Das kann doch nur Isolde gewesen sein.«

»So isses«, nickte ich, »kennen Sie die?«

Die nächsten Tage waren wir in Bregenz und St. Gallen unterwegs, und ich sah Josef kaum. Aber wenn wir uns trafen, redeten wir miteinander. Schnell waren die Tage vorbei. Daheim ging alles wieder im alten Trott, und ich hatte ihn bald vergessen.

Vier Monate später besuchte ich mit Rita übers Wochenende Freunde, die wir von einem Kurzurlaub in einem Blindenerholungsheim im Schwarzwald kannten. Wir hatten sie ewig nicht gesehen, vor mir stand ein Glas Rotwein, und es dauerte nicht lange, und ich war beschwipst. Rita vertrug mehr als ich.

»Du, in der Blindenzeitung schreibt ein Mann: ›Suche Kontakt.‹ Willst du dir das mal ansehen?«, fing unsere Bekannte an.

»Zeig her, dem wollen wir helfen«, lachte ich, schnappte die Zeitung, kicherte über den altmodischen Stil und kritzelte auf einen Fetzen Papier: »Nun will ich dem armen Tropf schreiben, der auf die Zeitung angewiesen ist, um jemanden zu finden. Sie tun mir wirklich leid!« Ich unterschrieb »Hochachtungsvoll, Mariechen«, setzte den Absender darunter und hatte den Zettel schon vergessen. Unsere Freunde schickten ihn ab, ohne mich zu fragen.

Drei Tage später kam ein Brief für mich: »Ich hätte Ihnen gerne ein Tonband geschickt, aber bei Ihrem Stil weiß ich nicht, ob ich es wiederbekomme. Trotzdem wollte ich wissen, wer hinter dem Brief steckt. Hochachtungsvoll, Josef Müller.«

»Ich glaub, ich weiß, wer das ist«, sagte Rita, als sie den Namen sah. »Bestimmt der junge Mann, der beim Kongress neben dir saß. Der heißt doch so. Erinnerst du dich?« Da fiel er mir wieder ein: Josef, der mit den dunklen Haaren und dem kräftigen Kopf. Ich hatte nicht erwartet, noch einmal von ihm zu hören. Schon gar nicht auf so ungewöhnlichem Weg.

»Guten Tag, Herr Müller! Ich hatte den Brief in Feierlaune bei Bekannten geschrieben. Mir ist ein Tonband, das in Ihrer Hand bleibt, nicht zu schade. Mich hat interessiert, wer hinter dem Ganzen steckt. Ich wünsche Ihnen alles Gute«, antwortete ich auf einem Tonträger, packte ihn in einen Umschlag und steckte ihn in den Postkasten. Vier Tage später kam ein Band für mich an: »Der heilige Antonius, der Patron der Schlappsäcke, hat mir Menschen finden helfen.« Da wusste ich: Es war tatsächlich Josef, den ich am Kongress kennengelernt hatte. Mama und Rita konnten sich gut an ihn erinnern, ich nicht. »Es wäre schön, Sie würden mir ein Bildchen schicken«, bat ich ihn deshalb. Es kam postwendend. Tonbänder gingen hin und her. Meinem Vater hätte das überhaupt nicht gepasst. Als meine große Schwester Anneliese mit dem ersten Verehrer nach Hause gekommen war, hatte Papa einen Riesenzirkus veranstaltet. Das wollte ich mir ersparen: »Dem Papa sag ich erst was, wenn es fest ist.«

Ich zeigte meiner sechsjährigen Nichte, wie die Briefe von Josef aussahen: »Wenn so einer kommt, der gehört Tante Mariechen, den sollst du mir aufheben.« Sie fing ab da meine Post ab. Mama wusste Bescheid. »Du kannst alles anhören, was von Josef kommt«, bot ich ihr an. Sie wollte es nicht, denn sie vertraute mir. So ging es bis kurz vor Weihnachten.

»Lad doch das Mädchen mal ein«, sagten Josefs Wirtsleute in Heilbronn, als er ihnen von mir erzählte. Er fädelte in einer Schuhfabrik Schnürsenkel ein und wohnte nicht mehr bei seinen Eltern. Zuerst war er in die Blindengenossenschaft gezogen. Dort lernte er eine Frau kennen, die seine Pflegemutter wurde und sich um ihn kümmerte. Sie sorgte dafür, dass er Essen hatte, dass er sauber daherkam, und ging mit ihm spazieren.

Im Blinden-Wohnheim musste Josef sich abmelden, wenn er ging. Diese Abhängigkeit gefiel ihm nicht. Er wollte raus aus dem »Blindengetto« und mietete ein Zimmer bei einer Familie.

»Wollen wir uns an einem neutralen Ort oder bei mir oder bei Ihnen treffen?«, fragte er auf dem nächsten Tonband.

»Ich weiß nicht, ob mein Sehrest ausreicht für ein Treffen an einem neutralen Ort, und Ihren Sehrest kann ich nicht einschätzen. Sich bei mir zu treffen ist schwierig, weil wir eine große Familie sind«, antwortete ich.

Hermine, eine Putzfrau in der Blindengenossenschaft, wo Josef schaffte, versprach ihm, mich zu sich einzuladen. Sie verabredeten, dass sie so tun sollte, als würde sie mich kennen.

»Liebes Mariechen«, schrieb sie, »wir haben uns so lang nicht gesehen. Ich lade Dich herzlich ein, übers nächste Wochenende zu mir nach Heilbronn zu kommen. Viele Grüße, ich freu mich auf Deinen Besuch, Hermine.«

Als ich Mama den Brief zeigte, hatte sie eine Idee: »Wir fahren alle drei übers Wochenende weg. Rita und ich besuchen Freunde in Wiesbaden, und du fährst zu Josef. Wir zeigen Papa den Brief lieber nicht. Er soll ruhig denken, wir fahren alle nach Wiesbaden.«

Als ich in Heilbronn ankam, stand ein Mann mit weißem Stock am Zug. Ich ging auf ihn zu: »Guten Tag, sind Sie Josef Müller?«

»Ja«, antwortete er, »und Sie Mariechen Becker?«

Ich hängte mich bei ihm ein. Wir gingen zum Lokal, das er ausgesucht hatte. »Schauen Sie nach einem dunklen Schild mit goldenen Buchstaben«, bat er mich. Ich habe damals noch gut genug gesehen, um es zu erkennen. Wir aßen Spießbraten mit Zwiebeln, brauner Soße und Bratkartoffeln. Es war der 18. Januar, ich weiß es noch genau. Dicke Schneeflocken fielen vom Himmel, als wir die Tür der Gaststätte hinter uns zuzogen und hinunter auf die Straße traten. Ich hatte schicke Schuhe mit dünnen, glatten Sohlen an. Die festen Schuhe waren im Koffer, doch auf der Straße wollte ich ihn nicht aufmachen. Ich hielt mich an Josef fest, und so schlitterten wir am Neckar entlang zu ihm nach Hause. Seine Wirtsleute, Familie Stenner, hatten zwei Buben, mit denen ich gleich anfing zu spielen.

»Ich bringe Sie jetzt mit dem Bus zu Hermine«, schlug Josef nach dem Kaffee vor, denn es dämmerte.

Der Tisch für das Abendessen war gedeckt. Josefs Kolpingfreunde[3] warteten bei Hermine auf uns – auch Gerd, sein bester Freund, der die Annonce in der Zeitung aufgegeben hatte.

Hermine wollte, dass wir beim »Du« bleiben, das sie im Brief benutzt hatte. Wir tranken Sekt und erzählten Geschichten, die Zeiger der Uhr wanderten weiter, und es wurde später und später. »Herr Müller, Sie müssen jetzt heim«, beschloss ich um zehn.

»Ich hole Sie morgen früh um halb neun ab, dann gehen wir in den Sonntagsgottesdienst«, versprach Josef. Ich freute mich. Einer, der nicht religiös ist, wäre nichts für mich, dachte ich. Hermine versprach, mich zu wecken und das Frühstück zu richten, damit wir rechtzeitig loskommen. Josef setzte sein Glas an, trank den letzten Schluck – und lief plötzlich rot an, japste nach Luft, hustete und rannte ins Bad. Dort hörte man ihn weiterhusten und das Wasser laufen. Seine Freunde wollten, dass ich nach ihm sehe. »Ich geh nicht rein«, weigerte ich mich. Auch Hermine drängte mich, doch ich blieb fest. Kurz darauf beruhigte sich alles, und Josef kam wieder aus dem Bad.

»Gute Nacht, ich gehe jetzt schlafen«, sagte ich erleichtert und verschwand ins Nebenzimmer, wo Hermine ein Bett für mich gerichtet hatte. Den Türschlüssel drehte ich um, bevor ich mich auszog und hinlegte.

Am anderen Morgen weckte sie mich, wie vereinbart, um halb acht. »Guten Morgen, Herr Müller, Sie sind schon hier?«, wunderte ich mich, als ich Josef im Wohnzimmer sah.

»Ich war nicht daheim«, krächzte er mit hängendem Kopf. »Ich habe hier übernachtet!«

Ich fiel aus allen Wolken. Papa würde toben, wenn er wüsste, dass ich mit Josef unter einem Dach geschlafen hatte, obwohl ich ihn noch nicht einmal richtig kannte. Das galt als unanständig. Mama wäre schockiert. Sie hatte meinen Plan geheim gehalten und mitgespielt – und dann so etwas. Vor allem war es anders ausgemacht gewesen: Ich übernachte hier und er bei seiner Wirtsfamilie. Niemals hätte ich mich auf den Besuch eingelassen, wenn ich das gewusst hätte. Enttäuscht und stinksauer, weil sie es mir bewusst verheimlicht zu haben schienen, hatte ich kein Vertrauen mehr.

Hermine klärte die Situation zum Glück auf.

Sie erzählte mir, dass Josefs Freund Gerd ihm, kurz bevor er hatte gehen wollen, heimlich 80-prozentigen Rum in den Sekt gekippt hatte. Daher der Hustenanfall. Hermine hatte ihn so nicht heimfahren lassen. Er musste seine Sinne zusammenhaben, um sich orientieren zu können. Josef hatte deshalb bei Hermines Tochter in der Wohnung über uns übernachtet.

Die kam jetzt vorbei und bot mir an, zu gucken, wo er geschlafen hatte. Alle bestätigten, dass Josef ahnungslos gewesen war. Hermine berichtete, er habe am Abend, als ich schon im Bett gewesen war, »Ihr habt mir viel verdorben« geschimpft.

Ich verzieh ihnen.

Wir gingen zusammen in die Kirche und trafen dort die Kolpingfreunde vom Vorabend. Sie entschuldigten sich tausendmal bei mir. Nach dem Gottesdienst gingen wir zu Josefs Hausleuten.

»Das muss ein Schock für dich gewesen sein«, bedauerten sie mich. »Dem Gerd wasch ich den Kopf«, kündigte Herr Stenner an.

Wir aßen dort zu Mittag und tranken Kaffee. Um fünf verabschiedete ich mich, und Josef brachte mich zum Zug. Auf dem Weg dorthin machten wir aus, dass wir »du« zueinander sagen und dass er zuerst schreibt.

Sein nächster Brief verwirrte mich, er kam von einem »Joseph Müller«. »Ich dachte, du schreibst dich mit ›f‹?«, fragte ich nach. Er erklärte mir, dass er die Schreibweise seines Namens jedes Jahr änderte. »Was meinst du, wie viele Leute ich damit schon durcheinandergebracht habe?« Manchmal musste er nachschauen, wie er sich gerade schrieb, weil er sich selbst auch durcheinandergebracht hatte.

»Ein Bekannter kommt, wo soll der denn schlafen?«, fragte ich Papa vor Josefs erstem Besuch vier Wochen später. »Der schläft bei mir«, ordnete Papa an. Papas Kastenbett – bei ihm hieß es »mein Sarg« – stand im Wohnzimmer an der linken Wand, an der rechten das Sofa, auf dem Josef übernachtete.

Josef stammte von einfachen Eltern und war auf einem Bauernhof aufgewachsen. Er kam mit meinem Vater gut aus. Auch meine Schwestern mochten ihn auf Anhieb.

»Eine Blinde bringst du nicht heim«, hatte Josefs Vater ihm eingeschärft. »Du musst mit ihr leben und für sie sorgen, überleg es dir gut«, warnte seine Mutter. Josef hatte mit zwölf Jahren sein Augenlicht weitgehend verloren. Er hatte plötzlich nicht mehr lesen und schreiben können und nur noch Umrisse gesehen. Bis dahin hatte er eine normale Schule besucht. Danach musste er auf eine Blindenschule wechseln. Er hatte vier Geschwister – zwei Mädchen und zwei Jungen –, der fünf Jahre jüngere Bruder erblindete auch.

In Josefs Familie feierte man keinen Geburtstag, sondern nur den Namenstag. »Geburtstag hat jeder Esel«, fand die Mutter. »Ich habe dich beim Namen gerufen; du gehörst mir«, steht in der Bibel im Buch Jesaja, deshalb sind Namenstage so wichtig. Als ich Josef kennenlernte, wusste er nicht mal, wann seine Geschwister Geburtstag hatten.

Weil Josef mich gernhatte und ich katholisch war, wollten seine Eltern mich kennenlernen. Mitte April fuhr ich samstags nach Heilbronn, übernachtete dort, und am Sonntagmorgen fuhren Josef und ich, sein Freund Gerd, seine Hauswirtin Stenner und deren Sohn zu seinen Eltern. Ich zog mein dunkelblaues Samtkleid, Absatzschuhe und schwarze Perlonstrümpfe mit Naht an. Die gute Stube in Josefs Elternhaus war voller Leute, die uns freundlich empfingen. Meine zukünftige Schwägerin sollte mit mir in die Kirche laufen, aber sie hatte sich die Füße mit heißem Wasser verbrüht. »Darf ich mich bei Ihnen einhängen?«, fragte ich daher Josefs Mutter. Die wusste erst nicht, was sie sagen sollte, freute sich dann aber.

Nach dem Gottesdienst aßen wir Schweinebraten mit Klößen und Salat. Josefs jüngster Bruder hatte Freunde zu Besuch. Abwechselnd spielten sie »Mühle«. Er hat immer verloren, da habe ich ihm geholfen. »Das ist Pfusch«, maulten seine Freunde. Alle anderen lachten.

»Ich möchte dir meinen Heimatort zeigen«, schlug Josef vor.

»Begleiten Sie uns?«, fragte ich Josefs Mutter. Die guckte verdutzt. Ich fragte noch einmal, und da sagte sie Ja. Wir sammelten uns vor der Tür. Frau Stenner und ihr Sohn kamen auch mit. Josefs Vater hatte im Krieg Dorfbewohner aus einem brennenden Haus gerettet, dabei war ein lodernder Balken auf sein Bein gefallen, und ein Splitter hatte sein Auge verletzt. Seitdem humpelte er und hatte ein Glasauge. Er setzte sich mit ausgestrecktem Bein auf die Treppe vor dem Haus und schaute uns nach. Unterwegs redeten wir mit einigen Bekannten der Familie, auch mit einem Schreiner, der am Bahnhof Fahrkarten abknipste.

Weil es schon spät war, als wir wieder bei Josefs Eltern ankamen, beschloss ich, direkt nach Frankfurt zurückzufahren. Ich verabschiedete mich, und Josef brachte mich zum Bahnhof. Wir freuten uns, dass der Tag gut gelaufen war. Ich musste schnelle Schritte machen, um mit Josef mitzuhalten. Ohne Fahrschein durfte er nicht mit auf den Bahnsteig. »Fahren Sie auch nach Frankfurt, und können Sie die junge Frau mitnehmen?«, fragte Josef eine Dame, die dort stand und wartete. Sie versprach, sich um mich zu kümmern. Ich kaufte eine Fahrkarte, der Schreiner, mit dem wir am Nachmittag gesprochen hatten, knipste sie ab, und die Dame und ich stiegen in den Zug, der vor unserer Nase hielt.

Der Schreiner rief wenige Minuten später bei Josefs Mutter an: »Die junge Frau, die bei euch war, sitzt im falschen Zug.«

Josef war zu der Zeit mit Gerd und den Stenners mit dem Auto auf dem Weg nach Heilbronn.

Schon beim ersten Halt erklärte der Schaffner uns, dass wir im falschen Zug saßen. Ich wollte sofort aussteigen, erfuhr dann aber, dass wir bis zur Endstation sitzen bleiben und danach zurückfahren mussten. »Achtung, Achtung«, tönte es dann aber beim zweiten Halt aus den Lautsprechern: »Fräulein Maria Becker wird dringend gebeten, den Zug zu verlassen. Sie wird abgeholt.« Die Dame, die auf mich achtgeben sollte, stieg mit aus. Vor dem Bahnhof stand ein Auto, dessen Fahrer sich als der Sohn des Schreiners vorstellte. Er hatte von Josefs Mutter, die beinahe in Ohnmacht gefallen wäre, als sie hörte, dass ich im falschen Zug saß, den Auftrag bekommen, mich nach Würzburg zum Abendzug zu bringen, und nahm auch meine Begleiterin mit.

Zuerst kamen wir gut vorwärts mit dem Auto des Schreinersohns. Doch nach der Hälfte der 40 Kilometer stotterte der Motor, wir wurden langsamer und blieben am Straßenrand stehen. Schimpfen nutzte nichts, das Auto rollte auf dem Grasstreifen neben der Straße aus. Unser Fahrer nuschelte, »Tank leer«, stieg aus, holte aus dem Kofferraum einen Fünf-Liter-Kanister und füllte nach. Der Motor schnurrte wieder, wir fuhren weiter. Die erste Tankstelle, an der wir vorbeikamen, hatte zu. Ich guckte auf die Uhr. An der nächsten tankten wir. »Das wird knapp mit dem Abendzug, erzählen Sie bloß Josefs Mutter nichts«, entfuhr es mir. Der Schreinersohn versprach, den Mund zu halten. Josefs Mutter sollte nicht denken: »Bei der geht alles schief.«

Wir verpassten den Zug tatsächlich, aber mit uns in Würzburg warten konnte unser Fahrer nicht. Er musste am nächsten Tag wieder arbeiten. Wie ich. »Ich gehe zur Bahnhofsmission«, beruhigte ich ihn. »Darf ich mit?«, wollte die Dame wissen, die hinter mir herdackelte. Am Schalter fragte ich, wann der nächste Zug fahren würde. »Drei Uhr morgens, Ankunft Frankfurt sechs Uhr«, hieß es. Das würde mir reichen, um rechtzeitig in der Arbeit zu sein. Die Dame wollte dann doch lieber am Gleis warten. War mir wurstegal. Ich wollte schlafen.

Die Leute von der Bahnhofsmission stellten mir im hinteren Raum eine Liege auf. Ich putzte mir die Zähne, hängte mein Kleid auf, legte mich hin und deckte mich mit der kratzigen Decke zu. Am nächsten Morgen weckten sie mich, kurz bevor der Zug fuhr. Ich schlüpfte in mein Kleid, schnappte den Frühstücksbeutel und rannte zum Gleis. Alles klappte wunderbar. In Frankfurt-Höchst ging ich direkt zur Arbeit.

»Wo kommst du denn her?«, wollten meine Kolleginnen wissen. Sonst tauchte ich am Montagmorgen nicht im Samtkleid in der Arbeit auf. »Ich war in Heilbronn«, sagte ich knapp. Da klingelte mein Telefon, Josef wollte wissen, ob alles geklappt hätte. Ich saß mit 40 Leuten im Großraumbüro, mindestens die Hälfte bekam alles mit. »Leider nicht, ich habe in Würzburg meinen Zug verpasst«, gab ich zu. Er hatte noch nicht einmal gehört, dass ich im falschen Zug gesessen hatte. Nach dem Telefonat bestürmten meine Kolleginnen mich, warum ich sie nicht eingeweiht hätte. Ich rief meine Schwester Rita an, die im selben Unternehmen in einem anderen Büro saß. »Mama ist außer sich«, warnte sie, »und Papa so wild, wie du dir nur vorstellen kannst.« Ich rief unsere Nachbarin an und bat sie, Mama an den Apparat zu holen, weil wir noch kein Telefon hatten. »Papa soll nicht muffelig sein, sondern sich beruhigen und zwei Vaterunser beten, dass ich heil angekommen bin«, flötete ich ins Telefon. Dann erzählte ich ihr, was passiert war. Jetzt wusste das ganze Büro, dass ich einen Freund hatte.

Josef und ich schickten weiter Tonbänder, auf denen wir stundenlang erzählten, was gerade los war. Wir waren uns einig: Sich alle vier Wochen zu treffen war zu kompliziert, wenn immer etwas schiefging.

Im Mai fuhr ich mit Rita nach Banneux, in die Ardennen, zu einem Wallfahrtsort in Belgien. Es heißt, 1933 sei dort einem Mädchen die Muttergottes erschienen, habe ihm eine Heilquelle gezeigt und ihm aufgetragen, viel zu beten. Ich fuhr seit 1957 jedes Jahr mit der Gemeinde dorthin und kannte den Leiter der Wallfahrtsstätte. Ob ich mir vorstellen könnte, Prozessionen zu leiten, mit Kranken zu beten und bei der Organisation der Wallfahrt zu helfen, machte er mir ein Stellenangebot. »Herr Direktor, voriges Jahr hätte ich vielleicht zugesagt, aber ich habe einen jungen Mann kennengelernt.« Ich dachte auch an meine Eltern. Papa war nicht gut beieinander. So sagte ich ihm ab.

Im Juni kam Josef zu mir. Ich holte ihn mit einer Nichte im Nachbarort am Bahnhof ab. Mittags schickte Mama Josef und mich zum Einkaufen. Wenn viel zu besorgen war, durften wir alleine los. Im Laden gab ich der Verkäuferin den Einkaufszettel und sagte: »Wir holen alles auf dem Rückweg ab.« So hatten Josef und ich Zeit zum Reden. Wir gingen aus dem Ort hinaus, den Schotterweg hoch, auf dem ich als Mädchen meinen Verfolgern davongerannt war. Am Turnplatz bogen wir rechts ab in den Wald. Schnell stiegen wir bergauf. Meine kleine Hand passte perfekt in seine große, feste. Unter einer Tanne blieb er stehen, packte meine beiden Hände und drückte sie: »Was hältst du davon, wenn wir uns im August auf der Wallfahrt nach Banneux verloben?«

Dieses Jahr schon – das hatte ich nicht erwartet. Aber dann rief ich so laut »Ja«, dass der Wald »ah-ah-ah« zurückwarf.

Sein Gesicht war nah bei meinem.

»Ich glaube, wir müssen zurück, Mama wird warten«, drängte ich. Ich war so verknallt, aber wir wollten uns die Vorfreude erhalten. Unsere Liebe war etwas ganz Großes für uns.

Der August kam schnell, und mit ihm unser geplanter Verlobungstermin, doch dann verschob die Gemeinde die Wallfahrt nach Belgien um eine Woche, auf den 29. Ich konnte kaum erwarten, dass es losging. Die Familie hatten wir eingeweiht.

Wir waren 20 Pilger, darunter unser Pfarrer. Josef und sein jüngerer Bruder kamen am Vorabend zu uns, Mama und Rita fuhren auch mit. Wir brachen morgens früh auf und kamen mittags an.

»Lasst uns zur Quelle gehen«, schlug Josef nach dem Abendessen vor. Zu fünft liefen wir los, es war ein warmer Tag gewesen, der Himmel leuchtete rosa, der Wind rauschte in den Birken, ich hatte ein hellblaues Kleid mit Margeriten an und weiße Sandalen. Mama führte Josefs Bruder am Arm, Josef und ich gingen mit Rita.

»Jetzt sind alle fort«, gab Mama das Signal, »wir können.«

Wir stellten uns dicht um die Quelle, aus der das Heilwasser fließt und die mit einem Mäuerchen eingefasst ist. Ich schaute zur Muttergottesstatue hinauf. Josef nahm meinen Ring, tauchte ihn ins Wasser, ergriff meine Hand und streifte ihn mir über. Dann tauchte er seinen ins Wasser und gab ihn mir. Trage diesen Ring als Zeichen meiner Treue, dachte ich beim Anstecken und freute mich innerlich auf die Hochzeit, bei der ich diese Worte laut sagen würde. Ich spürte, wie meine Augen feucht wurden.

»Du weinst ja«, flüsterte Mama. Ich konnte nichts sagen. »Du sollst dich doch freuen«, meinte Josef leise.

»Sie weint vor Freude«, half Rita.

Josef schluckte. Wir gaben uns die Hände, tauchten sie ins Quellwasser, umarmten und küssten uns. »Lasst uns zum Dank ein Vaterunser beten«, schlug Mama vor. Wo hatte Josef nur die Ringe her, fragte ich mich. Davon hatte ich nichts gewusst. Dann dämmerte es mir. Bei einem Ausflug nach Frankfurt mit Mama, im Juni, waren wir in einem Juwelierladen gewesen. Josef hatte angeblich für eine Bekannte einen Ring besorgen sollen. »Schlupf da mal rein, die hat solche Finger wie du«, hatte er mich gebeten. Dann hatte ich jemanden getroffen, mich unterhalten, und wir hatten alle zusammen den Laden verlassen.

»Mariechen trägt einen Ring, den hatte sie gestern noch nicht«, rief der Pfarrer beim Frühstück am nächsten Morgen quer über den Tisch: »Mädchen, zeig deine Hand, ich will gucken.« Stolz streckte ich ihm meine Linke mit dem goldenen Verlobungsring entgegen.

Drei Wochen vor der Hochzeit machten wir uns auf, um in Josefs Heimatort Geburtsurkunde und Taufschein zu besorgen. Abends saßen wir mit seinen Eltern zusammen und redeten. Josef schlief bei seinen Brüdern, ich übernachtete im ehemaligen Zimmer seiner ältesten Schwester.

Ungeduldig klopfte am nächsten Morgen jemand an meiner Tür. Die Sonne ging gerade auf. Wer konnte das sein?

»Bist du wach?«, raunte eine Stimme.

»Jetzt schon«, flüsterte ich zurück.

»Kann ich reinkommen?« Da stand Josef mitten in meinem Zimmer. »Du ... ich ... ich sehe nichts mehr.«

Ich war auf einmal hellwach, setzte mich auf, nahm die Streichhölzer vom Nachttisch, zündete die Kerze an und hielt ihm die Flamme vors Gesicht: »Siehst du die?«

»Ja. Wo das Fenster ist, kann ich auch erahnen, aber mehr nicht.« Ich setzte mich im Nachthemd neben ihn auf die Bettkante. Als ich meinen Arm um ihn legte, merkte ich, wie er zitterte.

»Überleg dir, ob du mich wirklich heiraten willst. Jetzt kannst du noch zurück«, sagte er nach einer Weile. Da krähte der Hahn im Hof. Eine Diele im Flur knarzte. Ob jemand aufgewacht war? Am meisten sorgte sich Josef, dass seine Eltern die Nachricht nicht verkraften würden, dass er nun völlig blind war. Sein Vater konnte seit seinem Unfall nicht mehr arbeiten. Die Oma führte den Haushalt, die Mutter den Hof.

»Das müssen deine Eltern gar nicht merken«, tröstete ich ihn, »ich helfe dir.« Wie eine Klette klebte ich den ganzen Tag an ihm, damit ich ihn führen konnte, ohne dass jemand etwas merkte. Josefs Schwester giggelte wegen unserer Vertrautheit.

»So kuschlig kenn ich dich gar nicht«, neckte meine zukünftige Schwiegermutter, »bisher warst du eher reserviert.«

»Jetzt weiß ich, dass wir in drei Wochen heiraten, jetzt kann ich es auch«, flötete ich. Josef fuhr am selben Abend nach Heilbronn zurück. »Er wird klarkommen«, hoffte ich.

Später erfuhren Josefs Eltern es doch. Mama und Papa kriegten einen Riesenschreck, als ich ihnen am Abend davon erzählte.

»Und jetzt?«, wollte Papa wissen.

»Gar nichts – Josef hat einen guten Orientierungssinn. Ich denke, dass wir klarkommen. Ich werde mein Sehen mit ihm teilen, solange ich kann.«

Über 60 Gäste hatten wir zur Hochzeit am 25. September 1965 eingeladen: Josefs Verwandte und meine, Kolpingfreunde, die Pflegemutter aus Heilbronn, eine Blindengruppe aus Frankfurt und den Leiter des Blindenbundes. Zum Übernachten verteilten wir die Leute auf die Häuser in unserer Nachbarschaft. Wir hätten nicht noch mehr Leute einladen können, das Fest musste bezahlbar bleiben. Josefs Cousin, ein Pater, sollte uns trauen. Er wollte, dass wir als Brautleute die Gaben zum Altar brachten: »Dann sehen alle, dass ihr euer Leben meistert.«

Warm wurde mir in dem hochgeschlossenen Kleid, als Josef mir den Ring an die rechte Hand steckte: »Maria, vor Gottes Angesicht nehme ich dich an als meine Frau. Ich verspreche dir die Treue in guten und bösen Tagen, in Gesundheit und Krankheit, bis der Tod uns scheidet. Ich will dich lieben, achten und ehren alle Tage meines Lebens. Trag diesen Ring als Zeichen unsrer Liebe und Treue: im Namen des Vaters und des Sohnes und des Heiligen Geistes.«

So oft hatte ich mir diesen Moment ausgemalt, und jetzt war er da.

Wenn ich an den Gabengang dachte, machte ich mir Sorgen, ob alles gut gehen würde. Ich kannte die Kirche zwar seit meiner Kindheit, aber Josef war sie fremd. Vor Kurzem hatte er noch Umrisse gesehen, doch das war nun vorbei. Jetzt konnte er nur noch hell und dunkel unterscheiden. Seine Eltern hatten keine Ahnung. Er war in den zwei Wochen vor der Hochzeit nicht mehr daheim gewesen. Vor der Eucharistiefeier gingen Josef und ich durch den Mittelgang nach hinten zur Türe. Auf einem Tisch standen eine Schale mit Hostien und ein Tablett mit zwei Kännchen: Wasser und Wein. Bis zum Hals klopfte mir das Herz, so aufgeregt war ich, und ich dachte, das kann bestimmt jeder hören. Josef nahm die Schale mit dem Brot, ich das Tablett mit Wasser und Wein in beide Hände. Die Außenseite meines linken Armes presste ich gegen Josefs rechten. So schritten wir im Mittelgang zurück zum Altar. Alles ging gut!

In der Hochzeitsnacht schnarchte ein Gast in unserem Wohn-

Hochzeit von Maria und Josef Müller am 25. September 1965

zimmer so laut, dass wir nicht schlafen konnten, aber viel blieb von der Nacht sowieso nicht übrig.

Weil Josef nicht mehr bei seinen Eltern wohnte und ich mich um meine Eltern kümmern wollte, machten wir aus, dass er zu mir ziehen würde, sobald er Arbeit gefunden hätte. Schon nach der Verlobung im August 1964 fragte ich bei meinem Arbeitgeber im Personalbüro, ob sie Josef einstellen könnten. Bei dem Leiter der Buchbinderei, einem gläubigen Menschen und Küster seiner Heimatgemeinde, hatten wir Erfolg. Bald merkte er, dass Josef mit dem Zusammenstellen von Musterbüchern nicht ausgelastet war. Er erzählte ihm von »Theologie im Fernkurs«[4] und schlug vor, das auszuprobieren. Bei der Eingewöhnung in der neuen Umgebung kam Josef zugute, dass er schon länger von zu Hause weg gewesen war.

Blinde Menschen haben sich schon immer mit Stöcken geholfen. Doch erst seit dem 20. Jahrhundert gilt der weiße Stock auch als Signal im Straßenverkehr und als Zeichen der Selbstständigkeit. Meine Selbstständigkeit kam so richtig erst nach der Hochzeit. Vorher sagte Mama: »Du gehst jetzt nicht raus; es ist dunkel, da siehst du nichts.«

Josef nahm dann an einem Mobilitätstraining mit dem Langstock teil. Es war eine Umschulung, denn vorher waren kurze Stöcke üblich gewesen. Als er heimkam, drückte er mir den Langstock in die Hand. Ich sollte vor mir hin und her schlagen, um Hindernisse zu orten. »Lass die Ellenbogen am Körper, und fuchtle bloß nicht in der Luft herum«, warnte er. »Jetzt gehst du im Dunkeln bis zur Kirche und probierst das aus. Schleif den Stock auch mal am Boden lang, damit du merkst, wo der Bordstein oder eine Treppe ist.«

Er überzeugte Mama, mich alleine gehen zu lassen. »Die kann das jetzt« war Josefs Devise, und der Rest der Familie übernahm sie. Ich probierte es aus, und es ging wirklich. Ich

hatte vorher einen kurzen Stock mit Griff gehabt, den ich zu-
sammenklappen konnte. Das war gefährlich, wenn ein Last-
wagen nahe am Gehsteig parkte. Der Stock fuhr darunter
durch, und ich stieß mit dem Kopf dagegen. Baustellen auf
dem Gehweg konnte ich damit auch nicht rechtzeitig orten.
Die Kordel im Klappmechanismus riss außerdem dauernd.
Mein neuer Stock ging mir bis zum Brustbein – wie es bei einem Langstock sein soll. Das machte die Sache einfacher.
Doch als eine Frau einmal darauf bestand, mir über die Straße
zu helfen, fuhr ein Auto über meinen neuen Alu-Stock und
brach ein Stück ab. Danach war er wieder kurz.

Ich fürchtete mich nicht, wenn ich von der Arbeit nach
Hause fuhr. Angst hatte ich nur alleine im Dunklen. Wenn ich
Überstunden machen musste und den letzten Bus verpasste,
holte Rita mich mit dem Fahrrad im Nachbarort vom Zug ab.
Auf dem Heimweg saß sie auf dem Sattel und lenkte; ich trat
vom Gepäckträger aus in die Pedale. Wenn wir viel zu bereden
hatten, schob sie das Rad.

Eins ist keins

Mein Mann und ich waren uns einig: Wir wollten Kinder. Wir
redeten über alles, und ich kannte seine Ansichten. Da wir
beide sehbehindert waren, fragten wir mehrere Ärzte, ob wir
das an unsere Kinder weitervererben würden. Die einen sagten Ja, die anderen Nein. Meine Eltern unterstützten uns in
unserem Kinderwunsch: »Jetzt können wir noch helfen.« Kurz
darauf war ich schwanger. Papa nähte weite Kleider für mich
und versprach: »Wenn das Kind da ist, wasche ich die Windeln.« Für mich zu sorgen bereitete ihm Freude. Kartoffeln
schälen fiel mir schwer, deshalb übernahm er das, obwohl er

gesundheitlich angeschlagen war. Ab und zu musste er zwei Tage im Bett liegen, und auch sonst brauchte er Verschnaufpausen. Wir schonten ihn, so gut wir konnten.

Josef hatte einen empfindlichen Magen. Wenn stressige Situationen auf ihn zukamen, kam alles hoch, was er gegessen hatte. Weil es mit einem Baby nicht einfacher werden würde, beantragten wir vorher eine Kur. Meine Mutter brachte ihn mit dem Zug nach Bad Meinberg, nördlich von Paderborn. In Kassel mussten sie umsteigen. Josef erklärte seiner Schwiegermutter, in welche Richtung sie laufen mussten, um den Anschlusszug zu erreichen. »Woher willst du das wissen?«, wehrte sie sich. Aber er hatte recht. Seine Orientierung war legendär.

Pfingsten 1966 besuchte ich zusammen mit Rita Josef in der Kur. Im Zimmer stand, als wir ankamen, ein großer, schöner Blumenstrauß. Ich staunte. Eine Patientin, die sich in der Kur um Josef kümmerte, hatte mit ihm Blumen für seine schwangere Frau gekauft. Nach dem Besuch durfte er mit nach Hause. Es ging ihm wirklich besser.

Als wir heimkamen, lag Papa flach. Er war zusammengebrochen. Davon erholte er sich nur langsam. Er beantragte den vorzeitigen Ruhestand.

»Das wird zu viel für Sie«, mahnte der Arzt und schrieb mich sieben Wochen vor der Geburt krank. Ab August 1966 blieb ich vom Büro daheim, weil Mama und Papa mich brauchten. Einige Tage vor dem errechneten Geburtstermin, ich stand gerade in der Küche, lief mir Wasser die Beine hinunter. Auf dem Boden bildete sich eine Pfütze. Ich rannte ins Bad und holte einen Eimer. »Das ist das Fruchtwasser«, erklärte Mama. Wehen hatte ich noch keine. Ich ließ mich in der Nacht ins Krankenhaus fahren. Dass der Mann bei der Geburt dabei ist, war nicht üblich. Ich quälte mich die ganze Nacht, und auch am Morgen kam das Kind noch nicht. Josef ging arbeiten. »Ich kann nicht mehr«, stöhnte ich am nächsten Mittag. Die Hebamme wusste auch nicht weiter und holte den Chefarzt. Der hatte gerade seine Frau von einem gesunden Jungen entbunden. Er sah, dass ich blass war und mir der Schweiß auf der Stirn stand. Da kniete er sich auf meinen Bauch und zerrte das Kind aus mir heraus. Sie mussten mich unter Vollnarkose nähen. Als ich wieder wach war, legte mir die Schwester einen blonden Jungen auf den Bauch. Überglücklich bin ich gleich wieder eingeschlafen. Gegen fünf Uhr am Nachmittag wachte ich auf der Station auf und konnte mich an nichts erinnern.

»Sie haben einen Sohn, der ist nebenan im Kinderzimmer«, erzählten die Zimmerkameradinnen.

»Hat jemand bei mir daheim angerufen?«, wollte ich von der Krankenschwester wissen. Ich fragte sie, ob sie am Nord-Tor, wo Josef nach der Arbeit immer vorbeikam, Bescheid geben könnte. Rita, die im selben Unternehmen wie Josef, nur in einer anderen Abteilung arbeitete, holte ihn dort ab und kam direkt mit ihm ins Krankenhaus. »Du Arme«, rief sie, als sie von der langen Geburt hörte. Sie strich mir die feuchten Haare aus dem Gesicht und drückte mich.

»Beim Zweiten wird's besser«, strahlte Josef.

»Was willst du?«, fuhr meine Schwester ihn an, die sah, wie erschöpft ich war. »Du kannst doch nicht allen Ernstes jetzt gleich vom zweiten Kind reden!«

Da kam die Hebamme herein. Wir kannten uns, weil meine ältere Schwester auf dieser Station schon mehrere Kinder entbunden hatte. Sie wusste, dass mein Mann blind war. Sie drückte ihm Stefan in den Arm: »Josef, willst du dein Kind mal haben?«

Er wusste erst nicht so recht, wie er ihn halten sollte. Aber dann wiegte er den kleinen Kerl im hellblauen Strampler und drückte ihm einen Kuss auf die Stirn. Er knabberte an seinen

Fingerchen und tastete sein Gesicht mit den Lippen ab. Er wollte ihn nicht mehr hergeben. Rita fing vor Rührung an zu heulen, und ihr Zorn war vergessen. Wegen der Hygiene durften die Väter ihr Kind eigentlich nicht nehmen. Bei uns machten sie eine Ausnahme. »Ihr wisst Bescheid. Wenn der Josef kommt, kriegt er sein Kind in den Arm«, wies die Hebamme ihre Kolleginnen an.

Nach Stefans Geburt im Oktober 1966 bin ich nur noch drei Tage die Woche ins Büro gegangen. Montags habe ich gewaschen, freitags geputzt. Als ich mit dem Baby heimkam, zeigte Mama mir alles und dirigierte mich: »So nimmst du das Kind, so legst du es ab, so versorgst du den Nabel. Ob das Badewasser die richtige Temperatur hat, probierst du mit dem Ellenbogen. Da ist die Haut am empfindlichsten!«

Zusammen üben ist viel mehr wert, als nur darüber zu sprechen. Sie gab die hundert Jahre alten Tipps ihrer Großmutter, die ihre Patin gewesen war, an mich weiter.

Jeden Abend habe ich Stefan gebadet und das Essen für den nächsten Tag vorgekocht. Mama und Papa mussten ihn nur windeln, ausfahren und füttern. Ich durfte sie alles fragen. »Du musst das können, wenn ich nicht da bin«, sagte Mama. Die Fläschchen habe ich nach ihrer Anleitung selbst zubereitet. Ich hatte eine Lampe, die ich zu mir herziehen konnte. Mit der habe ich die Striche auf der Flasche noch gesehen. Ich war meiner Mutter unendlich dankbar für ihre Geduld. Es hat sie bestimmt öfter gekribbelt. Dafür nahm ich mir vor, genauso geduldig mit ihr zu sein, wenn sie einmal alt wäre, und ihr zu zeigen: Ich habe alle Zeit der Welt für dich.

Mein Vater war stolz auf Josef, weil er alleine mit dem Beil Holz hacken konnte. Wenn Papa sich gut fühlte, machten die beiden zusammen Holz im Schuppen. Jeder packte ein Ende der Säge, und abwechselnd zogen sie, bis der Stamm durch war. Im Herbst pflückte ich im Garten Äpfel. Ich stieg auf die Leiter und wedelte so lange mit den Armen, bis ich einen Apfel traf. Ich rupfte ihn ab und legte ihn ins Eimerchen. Oder er blodzte runter. Es waren viele gelbe Äbbelchen, auch schrumpelige, weil wir sie nicht spritzten – für Kuchen genau richtig.

Meine Hände sind meine Augen. Ich prüfe die Früchte genau. Wenn man Feinheiten mit den Fingern fühlen kann, merkt man, ob ein Wurm im Apfel ist. Die Stellen, wo er gefressen hat, fühlen sich krisselig an. Faule Ecken sind weich. Ich schnibbel das alles weg. Mir kommt kein verdorbenes Äbbelstück auf den Kuchen. Ich schmeiße auch nichts weg, was noch gut ist. Selbst das kleinste Bröckele verwende ich. Das einzige Problem, das ich schon seit meiner Kindheit habe, ist das Auswellen: Wie eine Mondlandschaft sieht der Kuchenboden bei mir aus.

Wir kamen gut zurecht mit unserem ersten Kind. Meine Eltern konnten beide sehen und halfen uns. Wir waren Kindernarren, Josef und ich. »Eins ist keins« war seine Devise. Kurz nach Stefans Geburt war ich wieder schwanger.

Josef war bald nach seinem Umzug nach Hessen der Kolpingfamilie in unserem Nachbarort beigetreten. Ich brachte ihn zu Fuß hin und holte ihn ab, auch noch als unser zweites Kind unterwegs war. Mehrere Kilometer liefen wir bei jedem Wetter mit Stefan im Wagen. Als ich hochschwanger war, haben die Kolpingkollegen angeboten, Josef abzuholen, was wir gerne angenommen haben.

Ein Vierteljahr vor der Geburt ging ich nicht mehr arbeiten. Mama war krank, und als es ihr wieder besser ging, legte sich die Godi, meine Patin, an der ich mit Leib und Seele hing, mit einer Grippe hin. Drei Tage habe ich sie gepflegt. An einem Freitagnachmittag im November 1967 – es war kalt, und die Sonne schien – schickten Mama und die Godi mich, kugelrund, wie ich war, zur Telefonzelle, um jemanden anzurufen. Ich verschob das Losgehen, weil ich mich komisch fühlte. Kurz darauf bekam ich Bauchschmerzen.

»Was verziehst du das Gesicht so?«, wollte Mama wissen.

»Ich glaub, ich hab Wehen«, schnaufte ich.

»Ich nehme den Stefan mit und kümmere mich um ihn, während du dein Kind kriegst«, versprach die Godi, »aber vorher koch ich dir einen Kaffee, der treibt.«

Meine Eltern, die Godi und ich haben uns hingesetzt und einen Kaffee getrunken. »Geh so spät ins Krankenhaus, wie du kannst, solange das Wasser nicht fortläuft«, riet Mama, also lief ich herum, bis die Wehen kurz aufeinander kamen. »Fahr jetzt lieber«, drängte sie dann, »sonst kommt das Kind im Taxi, wie bei deiner Schwester.«

Bis ins Krankenhaus schaffte ich es gerade noch. Christof kam schneller, weil er leichter war als Stefan. »Das Kind hat Hungerfalten«, rief die Hebamme, als sie ihn im Arm hielt. Dann tastete sie meine Brust ab, fühlte, dass ich nicht genug Milchdrüsen hatte, und band mir die Brust hoch, damit die Milch nicht einschoss. Christof bekam ein Milchfertigprodukt aus der Flasche.

Doch es blieb nichts drin in dem Kind. In der Klinik haben sie ihn künstlich ernährt und gepäppelt, bis er nach drei Wochen endlich sechs Pfund wog. Dann durften wir ihn mit heimnehmen. Es war Wochenende. Zu Hause angekommen, gab ich ihm die Milch aus der Flasche. In einem Schwall schoss sie aus ihm heraus – bis an die Decke hat er gespuckt. Dreimal musste ich ihn in den ersten Wochen ins Krankenhaus bringen. »Magenpförtnerkrampf«, stellte der Arzt in der Kinderklinik fest, »muss operiert werden.« Noch vor Weihnachten hatte Christof die OP. Er hat es überstanden. Ein anderer Bub aus dem Ort starb bei der gleichen Operation, obwohl er drei Pfund mehr wog. Wenn die Mutter uns mit dem Kinderwagen sah, hat sie geweint. Sie hat mir leidgetan.

Ein Apotheker riet mir, Christof ohne Milch aufzuziehen, Gemüse und Obst zu pürieren und ins Fläschchen zu geben. Das funktionierte. Endlich blieb das Essen drin.

Unsere Buben hingen aneinander. Stefan war gut ein Jahr alt und konnte noch nicht laufen, als Christof kam. Sie sind zusammen aufgewachsen. Christof ist oft zu Stefan gekrabbelt und hat auf ihm herumgepatscht, weil er mit ihm spielen wollte. Manchmal war ihr Cousin bei uns und spielte mit unseren beiden und passte auf sie auf. Wenn es ihm zu wild wurde, rief er mich.

Damals hatte ich schon meinen Gasherd. Ohne den wäre ich nicht zurechtgekommen. Wenn er aus ist, ist er aus, und es gibt keine heiße Kochplatte, an der ich mir die Finger verbrennen kann. Gerade bei stärkehaltigen Suppen und Soßen muss man aufpassen. Es zischt leise, bevor die Flüssigkeit steigt. Meist erwische ich den Moment, bevor sie überkocht. Passiert es doch, geht die Flamme aus, und es stinkt. Dann schalte ich das Gas ab, räume den Herd frei und wische ihn einfach ab. Am liebsten koche ich mit dem Dampftopf. Da kann ich mit dem Finger fühlen, wie weit das Ventil draußen und wie hoch der Druck im Topf ist.

An einem Abend kochte ich vor, weil ich am nächsten Tag einen Termin beim Arzt hatte. Als ich mit dem Spülen fertig war, setzte ich mich auf die Eckbank, nahm mir den Stapel von der Blindenbücherei und fing an zu lesen. Josef war bei einer Sitzung der Jungen Union. Ich wollte auf ihn warten. Um elf gurrte die Taube in der Küchenuhr. Um die Uhrzeit war ich sonst schon im Bett. Ich blieb sitzen und las weiter. Irgendwann ging ich ins Bad, putzte die Zähne und zog das Nachthemd an. Unter der Woche klingelte bei uns morgens um fünf der Wecker, weil Josef zehn nach sechs aus dem Haus musste. Ich wachte wieder auf, fühlte neben mich – das Bett war immer noch leer, und es war schon ein Uhr nachts. Das sah ihm nicht ähnlich.

Ich rief im Gasthaus an, in dem sie immer noch zusammensaßen, und fragte ihn: »Wann willst du denn heimkommen? Wenn du nicht geschlafen hast, ist deine Orientierung weg. Dann rennst du überall dagegen.« Josef machte sich gleich auf den Weg.

»Das darfst du dir von deiner Frau nicht gefallen lassen«, schimpfte der Ortsvorsteher ihn beim nächsten Treffen. Ich war sauer deswegen und weigerte mich eine Weile, Protokolle für Josef zu tippen. Er gab sie einer Bekannten, die aber viele Fehler machte. Josef schämte sich. Da hat er mir leidgetan, und wir haben unseren Streit begraben. Ab da hat er immer Bescheid gegeben, wenn es später wurde.

Die Familie ging ihm über alles. Wir haben es nie bereut, zwei Kinder bekommen zu haben, und auch nicht, dass Stefan und Christof so dicht hintereinander kamen. Sie sollten zusammen aufwachsen. »Wir machen euch alles vor, ihr macht es nach« – so zogen wir unsere Söhne auf.

Ich würde heute alles wieder genauso machen.

Christof, Maria, Josef und Stefan Müller

Mount Everest

»Stefan dreht seine Händchen im Licht und lacht, wie du früher«, sagte Oma zu Mama, nachdem sie mich im Kinderwagen ausgefahren hatte. Ich war noch kein Jahr alt. Ihr war sofort klar, was das bedeutete: »Das Kind hat was mit den Augen.«

Mama erschrak, als sie das hörte, vertraute sie mir später an.

Christof und ich spielten als Kinder gern in der Küche mit Autos. Der Kuckuck der Wanduhr piepte fünf Mal. Mama kochte um diese Uhrzeit meistens. Wenn wir hörten, wie der Schlüssel sich im Haustürschloss drehte, wussten wir: Papa kommt. Wir rannten in den Flur und kämpften darum, wer zuerst zu ihm hochdurfte. Meist gelang es Christof. Papa trug ihn ins Wohnzimmer, ließ ihn herunter und hob mich auf seine Schultern. So laut ich konnte, sang ich: »Hoch auf dem gelben Wagen sitz ich beim Papa oben.« Mein Lieblingslied. Die Melodie erfand ich jedes Mal neu, weil ich mich nicht erinnern konnte, wie sie ging.

Wenn wir Glück hatten, war noch Zeit bis zum Essen. Papa legte sich auf die Couch und spielte Mount Everest, den Christof und ich zu erklimmen versuchten. Er streckte ein Bein nach oben, und wer es schaffte, sich auf die Fußsohle zu setzen, hatte gewonnen. »Hilfe, ich bin eingeklemmt!«, schrie ich, wenn ich heruntergefallen war und Papa mich festhielt. Juxend wand ich mich heraus.

»Das Essen ist fertig«, klang es dann bald von Mama aus der Küche.

»Alle Augen warten auf Dich, o Herr, Du gibst uns Speise zur rechten Zeit. Du öffnest Deine Hand und erfüllst alles, was lebt, mit Segen«, beteten wir vor jeder Mahlzeit. Nach dem Essen noch ein Vaterunser und Gegrüßet-seist-du-Maria, dann gingen Christof und ich ins große Spielzimmer. Das war die Zeit, die unsere Eltern für sich hatten. Mama spülte, Papa trocknete ab und räumte ein. Dabei redeten sie. Wir haben in unserer Familie immer über alles geredet. Ich kriegte nie mit, dass meine Eltern sich stritten. Meine Mutter entschuldigte sich, wenn sie mal gepoltert hatte, im Fehlerzugeben war sie gut. Alles, was meine Eltern machten, war zutiefst glaubwürdig. Ich fühlte mich bei ihnen geborgen und geliebt. Was sie sagten, galt, denn ich wusste, dass das, was sie wollten, gut war für mich. Sie lebten uns vor, was sie von Gott erzählten, aber sie waren keine »Herrgötter«. Sie nahmen sich zurück und waren auch nicht leicht beleidigt. Mit Gott gedroht haben sie nie, sondern immer vom »liebenden Gott« gesprochen. Deshalb tue ich mir heute leicht damit, mir Gott als Vater vorzustellen.

Wenn ich krank war und Fieber hatte, ging meine Mutter in den Laden und bestellte den Hausarzt. Vor dem Doktor hatte ich Schiss. Mir war wichtig, dass meine Mutter bei mir war. Ihre Liebe und Nähe bedeuteten mir mehr als alle Medizin, die der Arzt verschrieb. Wenn Christof und ich ebsch waren, schickten unsere Eltern uns nicht in unser Zimmer, sondern hielten unsere schlechte Laune aus.

Eine unserer Lieblingsbeschäftigungen war das Arbeiten mit der Schere. Als wir in der vierten Klasse waren, wurde Bildchen ausschneiden uninteressant, und wir kamen eines

Nachmittags auf die Idee, uns gegenseitig die Haare zu schneiden. Ich schnibbelte an Christofs dunklem Haarschopf herum, bis ich ihm eine schicke Frisur verpasst hatte, und er verkünstelte sich an meinen blonden Fransen. Auf dem Boden lag ein Berg Haarbüschel. Da stand Mama in der Türe und wollte wissen, was wir machten. »Wir haben uns die Haare geschnitten«, riefen wir. Mama nahm uns die Scheren für zwei Tage weg. Da half alles Betteln nichts.

Es gab aber auch Sachen, die wir nicht aushalten mussten. Warmes Worschtbrot in der Pause war mir zuwider. Ich wollte die Wurst lieber aus der Hand essen. Also gab Mama uns Butterbrot und ein Stück Wurst mit.

»Wir wollen Schokolade aufs Brot, wie die anderen«, forderte Christof eines Tages. Wieder gab Mama nach und legte uns auf das zweite Brot Schokoladenplättchen.

Um zwei, wenn wir von der Schule heimkamen, aßen wir, und um fünf, wenn Papa kam, gab es die Hauptmahlzeit. Wir hatten einen festen Rhythmus.

Einmal wollte ich meinen Teller nicht leer essen.

»Iss doch«, schrie Papa und verbot mir herumzumanschen, »viele Kinder wären froh, wenn sie was hätten!«

»Nö, ich will aber net!«, brüllte ich zurück.

So ging das hin und her. Mein Vater heulte, weil ich so uneinsichtig war. Zum Schluss bekam ich eine Abreibung. Wir Kinder mussten essen, was auf den Tisch kam. Meerrettich und Rote Rüben mochten wir nicht, aber das gab es auch nicht oft. Zwischendurch essen durften wir nicht. Nur auf die Sonntagsspaziergänge nahmen die Eltern Salzstängelchen mit und ließen uns knabbern.

Christof und ich besuchten bis zur siebten Klasse eine Förderschule mit Schwerpunkt Sehen in Frankfurt. Christof hätte nach der Grundschule in die hessische Blindenschule, eine

Haupt- und Realschule, nach Friedberg wechseln sollen, weil er viel schlechter sah als ich – wir wollten aber zusammenbleiben. Er glich sein fehlendes Sehen mit Intelligenz aus und schaffte es. Ich konnte zu der Zeit noch Bücher lesen, was ich stundenlang tat.

Wir waren beide gute Schüler. Bloß einmal habe ich auf einen Deutschaufsatz eine Vier gekriegt, weil der Lehrer merkte, dass meine Mutter mir geholfen hatte. Mit mir Hausaufsätze zu schreiben machte ihr Spaß.

Im Grundschulalter hatte ich meinen Eltern etwas voraus: Ich sah besser als sie. Sie waren in vielen Dingen auf mich angewiesen. Ich konnte meine Eltern führen, ihnen im Lokal die Speisekarte vorlesen, im Supermarkt Lebensmittel finden, aus dem Telefonbuch Nummern heraussuchen. Einmal nutzte ich diese Überlegenheit aus und rannte meinem Vater im Garten davon. Obwohl er rief, kam ich nicht zurück. Es war ja nur ein Spiel, dachte ich. Nach einer Weile wurde Papas Stimme immer ärgerlicher. Ich wollte aber nicht aufhören. Schließlich erwischte er mich und versohlte mir den Hintern. Das passierte selten, aber die paar Mal habe ich nicht vergessen.

Meine Eltern wussten inzwischen, dass sie die Sehschwäche an ihre Söhne vererbt hatten. Sie förderten uns, wo sie konnten.

Die Theorie der Blindenschrift erlernten Christof und ich schon im Grundschulalter. Hausaufgaben mussten wir immer sofort nach der Schule erledigen, da gab es keine Diskussion. Sonntags hatten wir frei, um zu spielen und mit unseren Eltern in die Kirche zu gehen. Sie haben uns mitgenommen, nicht gezwungen. Einmal wollte ich nicht. Meine Eltern diskutierten so lange mit mir, bis ich doch mitging. Wir kamen zehn Minuten zu spät zum Kindergottesdienst. Ich ärgerte mich schwarz, dass ich den Anfang verpasst hatte, weil wir Lieder gesungen haben, die ich noch nicht kannte.

Auch in unserer Familie ist nicht alles Gold, aber sie ist die Quelle, aus der ich lebe. Ich hatte eine wirklich glückliche Kindheit und fühlte mich von meinen Eltern ernst genommen. Christof, der ja nur ein gutes Jahr jünger ist als ich, war schon da, seit ich denken kann.

Im Advent bauten Christof und ich aus Legosteinen Maria und Josef, dazu einen Stall und eine Krippe. Das heilige Paar zog Schritt um Schritt in Richtung Stall. Je näher der Heilige Abend kam, umso näher rückten die Figuren dem Stall. Wenn wir tagsüber brav waren, durften wir abends Strohhalme in die Krippe legen und sie so für das Jesuskind vorbereiten.

In der Heimatgemeinde meines Vaters war es üblich, die Marienstatue von Haus zu Haus zu tragen. Das passten wir für uns an: Die letzten neun Tage vor Weihnachten suchte die Heilige Familie in unserem Haus eine Herberge. Anfangs zogen wir nur mit einer Muttergottesstatue und einer Kerze von Zimmer zu Zimmer, dann wanderte auch eine Josef-Figur aus Holz mit. Wir klopften an eine Zimmertüre nach der anderen.

Papa sang den Wirt: »Wer klopfet an?«

Mama antwortete für die Muttergottes: »O zwei gar arme Leut!«

»Was wollt ihr denn?«

»O gebt uns Herberg heut! O durch Gottes Lieb wir bitten, öffnet uns doch eure Hütten!«

»O nein, nein, nein! Da geht nur fort, ihr kommt nicht rein.«

Der vierte Wirt im Lied erbarmte sich und ließ Maria und Josef in den Stall.[5] Unsere Maria und unser Josef fanden jeden Abend Unterschlupf in einem anderen Zimmer.

An Weihnachten durften wir in unserem Spielzimmer die

Modelleisenbahn aufbauen und für einige Wochen stehen lassen. Jedes Jahr bekamen wir neue Wagen oder eine neue Lok und erweiterten die Strecke.

Wenn die Vierschanzentournee im Fernsehen lief, bauten wir auf der Fensterbank mit Büchern und einem Spielbrett die Flugschanze nach und ließen Steine aus dem Damespiel herunterrutschen. Wir führten Buch, wie weit die einzelnen »Skispringer« kamen.

Mein erster Berufswunsch war, Schaffner zu werden. Wir verbrachten ab Ende der 70er-Jahre viele Stunden mit Kursbüchern der Bahn, die wir kauften oder geschenkt bekamen und in denen Fahrpläne abgedruckt waren. Christof war sehr kreativ im Zügeerfinden und Zugbegleithefte-Schreiben. Wir achteten darauf, dass unsere Spielzüge sich in die Fahrpläne der echten Züge fügten und die Strecke laut Plan frei war, wenn sie fahren würden. Das funktionierte, weil die Züge damals noch nicht so eng getaktet waren.

Heilige Messe spielten wir auch, ohne Brot, denn das Wort war entscheidend für uns. Wir suchten Lieder und Texte aus Papas Büchern heraus und predigten abwechselnd.

Nach dem *Sandmännchen* war Bettgehzeit. Wenn wir die Zähne geputzt und die Schlafanzüge angezogen hatten, kam Papa mit dem Radio und legte sich zu uns ins Stockbett, einen Abend unten zu mir, den anderen oben zu Christof. An Papa gekuschelt, hörten wir die *Hessenrundschau*, dann die Nachrichten und Kommentare. Wir mussten still sein und schliefen dabei ein.

Wenn Mama uns ins Bett brachte, erzählte sie uns alle paar Wochen ihre Lieblingsgeschichte, wie Papa und sie sich kennengelernt hatten. Die Handlungen für weitere Liebesgeschichten, die sie abends gern erzählte, nahm sie aus Romanen, die Oma ihr vorlas. Weiter als bis zu einem Knutschfleck kamen wir nie.

Solange ich in Frankfurt zur Schule ging, also bis ich 13 war, kriegte ich kein Taschengeld. Ich vermisste nichts, denn meine Eltern bezahlten alles. Zum Geburtstag oder Namenstag bekamen wir meist eine Kassette von Enid Blyton, die wir sammelten. Als uns *Berg der Abenteuer* und *Fluss der Abenteuer* noch fehlten, schenkte Mama uns die zwischendurch.

Ich fühlte mich ehrlich geliebt von meinen Eltern. Sie haben einiges erwartet, uns aber auch viel zugetraut.

In meinem zwölften Lebensjahr fing mein Vater an, Theologie im Fernkurs zu studieren. »Immer wenn wir in der Gemeinde Bildungsabende haben, kommen Referenten von außerhalb und erzählen ein Zeug, das keiner versteht«, beschwerte er sich. Das wollte er ändern. Er hatte vor, später selbst Bibelabende und Vorträge in der Gemeinde zu halten, die jeder verstand. Der Pfarrer unterstützte ihn dabei.

Bevor Papa Mama kennenlernte, hatte er überlegt, Priester zu werden. Aber weil er blind war, hatte er sich nicht getraut, den Gedanken weiterzuverfolgen. Für das berufsbegleitende Theologiestudium bekam er Hefte geschickt, die ich ihm am Wochenende nach dem Mittagessen vorlesen durfte, da ich von uns vieren am meisten sah. Das habe ich als Ermutigung und Wertschätzung empfunden. Christof musste in der Zeit Mama in der Küche helfen.

Christof und ich kickten eine Zeit lang mit den Jungs aus dem Dorf, obwohl wir in Frankfurt zur Schule gingen. Weil wir ohne Trikots spielten und alle Kinder normale Kleider anhatten, war es für uns unmöglich, die Spieler unseres Teams von den Gegnern zu unterscheiden. Pässe in die gegnerische Mannschaft fanden die anderen nicht so toll. Das Spiel lief an uns vorbei, weil uns der Überblick fehlte. Bevor wir rausgeschmissen wurden, gaben wir es auf, weil es einfach keinen Spaß machte.

Spaß hatten wir bei einem anderen Sport, obwohl wir auch da nicht zu den Besten gehörten: beim Torball, einem typischen Blindensport, den wir später in der Internatsschule in Marburg kennenlernen sollten. Der Ball trägt in seinem Inneren ein Glöckchen, damit man ihn hören kann. Zwei Mannschaften zu je drei Spielern knien jeweils in der eigenen Hälfte und versuchen, den Ball in das gegnerische Tor zu rollen, das so breit ist wie das Spielfeld. Über dem Feld sind drei Schnüre gespannt, an denen Glöckchen herabhängen, damit man hört, wenn der Ball regelwidrig geworfen statt gerollt wird. Ertönt ein Glöckchen, weil ein Spieler sich nicht an die Regeln gehalten hat, bekommt die gegnerische Mannschaft einen Freistoß, und der Spieler, der ihn verursacht hat, muss das Feld verlassen und darf es erst nach der Ausführung wieder betreten.

Bevor Christof und ich nach Marburg gingen, gab es für mich nur eine Situation, in der ich mich wirklich verlassen fühlte. Wir waren um die acht Jahre alt. Es war Fassenacht, und wir besuchten mit unseren Eltern Tante Anneliese und ihre Familie. Die Erwachsenen wollten tanzen gehen, und unsere älteren Cousinen sollten auf uns aufpassen. Ich schlief gut ein, wachte aber morgens um drei auf. Die Eltern waren noch nicht zurück. »Mama hat gesagt, sie kommt wieder«, schniefte ich, »warum ist sie nicht da?« So sehr sich meine Cousinen auch bemühten, ich wollte mich nicht beruhigen. Dass Christof da war, hat auch nichts genützt.

Noch schlimmer fühlte ich mich anfangs in Marburg in der Blindenstudienanstalt – »blista«, dem einzigen Gymnasium in Deutschland für Menschen mit Sehbehinderung. Ich war 13, als wir dort anfingen. Wir wurden in drei Klassen eingeteilt: Stockblinde (also ohne Sehrest), Halbblinde, Sehbehinderte.

Mich steckten sie zu den Sehbehinderten, Christof in die Halbblinden-Klasse. Ich war todunglücklich wegen unserer Trennung. Am zweiten Tag hielt ich es nicht mehr aus und rief vom Münzfernsprecher im Flur des Wohnheims Mama an.

Wir heulten beide.

Doch Mama wusste Hilfe und wendete sich an den Schulleiter: »Stefan ist der einzige Junge in seiner Klasse«, beschwerte sie sich, »pädagogisch ist das überhaupt nicht zu verantworten.« Das konnte der Direktor nicht auf sich sitzen lassen, und Christof durfte in meine Klasse wechseln.

Daheim hatten wir abends höchstens bis neun Uhr aufbleiben dürfen – in Marburg war das bis zehn, am Wochenende sogar bis elf erlaubt. Wir lebten in einer Wohngruppe mit anderen Jungen. Zum ersten Mal kriegten wir mit, dass man auch nicht in die Kirche gehen kann. Wir grenzten uns ab, indem wir erst recht hingingen. Als Kind hatte ich Gebete wie »Die Eltern mein befehl ich Dir« und »Müde bin ich, geh zur Ruh« nachgeplappert. Als ich älter wurde, fing ich an, darüber nachzudenken und zu fragen, was sie eigentlich bedeuteten.

1979 spielte Fortuna Düsseldorf in Basel im Europapokal gegen den FC Barcelona, und ich schaute mit meiner Oma das Spiel an. Bei jedem Tor hüpfte ich herum, und beim Ausgleich der Fortuna vor der Pause jubelte ich so laut, dass Oma dachte, ihr Trommelfell platzt. Dass die Fortunen dann doch verloren, obwohl es zuerst so gut ausgesehen hatte, konnte ich nicht fassen. So sehr hatte ich mir gewünscht, dass sie gewinnen würden. Ich war tieftraurig, und die Mannschaft tat mir leid. Wie sollte sie darüber hinwegkommen? Da habe ich zum ersten Mal frei gebetet.

Zu Hause fand ich es inzwischen blöd, wenn Mama mich

abends fragte, ob ich schon gebetet hätte. In Marburg hörte ich auf, persönlich zu beten, aber die Gottesdienste habe ich mir nicht nehmen lassen. Das gemeinschaftliche Gebet hat mich durch diese Zeit getragen und war wichtig für meine Entwicklung. Ich ging an Dienstagabenden in die Messe. Bald luden sie mich ein, die Lesung zu übernehmen. Ich kopierte sie mir vergrößert aus dem Kleinen Stundenbuch, das mein Vater mir zu Weihnachten geschenkt hatte.

Mit den Erziehern diskutierten wir, weil sie anders eingestellt waren als unsere Eltern. Daheim fetzte ich mich mit meinem Vater. »Frieden schaffen geht nur ohne Waffen« war meine Überzeugung. Ich weigerte mich, Kirchenlieder zu singen, die mit Kampf und Streit zu tun hatten. Mein Vater verteidigte den NATO-Doppelbeschluss und die Aufstellung neuer Raketen in Westeuropa. Auch über das Hitlerattentat diskutierten wir. Ist Gewaltanwendung in so einem Fall erlaubt? Mein Vater fühlte sich nicht persönlich angegriffen, nannte mich nicht naiv und lachte mich auch nicht aus. Er vermittelte mir, dass ich grundsätzlich auch recht haben könnte. Das hat mein Selbstbewusstsein gefördert und gestärkt.

Etwas Furchtbares passierte in dieser Zeit in der Schule, das sich in mein Gedächtnis einbrannte: Ein Junge aus einer Klasse über uns stürzte sich aus dem Fenster, weil er keinen Sinn mehr in seinem Leben sah. Wie viele andere hatte ich mich nie für ihn interessiert. Ich hatte nicht gewusst, wie es ihm ging, hatte ihn nicht wahrgenommen. Obwohl ich nichts getan hatte, wurde mir bewusst, dass ich Teil seines Umfelds gewesen war, das den Selbstmord zugelassen hatte. Daran hatte ich lange zu kauen.

Bis auf sieben Wochenenden im Jahr, an denen wir Küchendienst hatten, fuhren Christof und ich jeden Samstagnachmittag heim und am Sonntagabend wieder nach Marburg zurück.

Daheim las ich meinem Vater weiter aus den Theologie-Lehrbriefen für sein Studium vor. Er war nun schon im Aufbaukurs. In den Briefen tauchten Ausdrücke auf, mit denen ich nichts anfangen konnte. »Zölibat bedeutet Ehelosigkeit«, erklärte mein Vater. »Wenn ich Priester geworden wäre, hätte ich Mama nicht heiraten dürfen.« Es ging um kirchliche Ämter, die Gemeinde und andere Religionen, etwa das Judentum.

Papa fuhr mit seiner Studiengruppe nach Israel, was ihm sehr gefiel.

Durch die Gespräche mit meinem Vater kam ich in theologische Themen hinein. Papa übernahm bald die Leitung eines Bibelkreises in unserer Gemeinde und gestaltete zusammen mit anderen Wort-Gottes-Feiern. »Wenn ich ein Mädchen wäre, würde ich mich nicht firmen lassen, weil die Kirche Mädchen nicht ernst nimmt und nicht erlaubt, dass sie Priester werden«, warf ich ihm bei einem Predigtgespräch mit anderen in der Sakristei nach dem Sonntagsgottesdienst an den Kopf. Alle, die das hörten, waren entsetzt. Mein Vater erklärte ihnen aber, dass er zwar meine Ansicht nicht teile, aber schon verstehen könne, dass ich so denke, und dass ich das auch sagen dürfe.

Christof und ich durften als Jugendliche eine Note auf die Predigt geben, die wir natürlich auch begründen mussten. So erreichte unser Vater, dass wir dem Pfarrer genau zuhörten und nachdachten. Wir durften Lehrer spielen, was wir toll fanden.

Im Sommer 1980 gingen Christof und ich zur Firmung.

Einige Monate später, als mir unser Dorfpfarrer zu Weihnachten die Beichte abnahm, beklagte ich mich bei ihm: »Ich habe bei der Vorbereitung mitgemacht und bin jetzt gefirmt, aber es hat sich nichts geändert. Ich streite genauso oft mit meinem Bruder, gehe nicht lieber in die Kirche als vorher, und die Predigten finde ich auch nicht interessanter. Was hat das Firmen dann überhaupt gebracht?« Ich erklärte ihm, dass ich geglaubt hatte, dass ich leichter als Christ leben könnte, wenn ich den Heiligen Geist hätte. »Was heißt das für dich, entschieden als Christ zu leben?«, fragte er. Ich solle den Heiligen Geist bitten, dass er mir hilft, das herauszufinden, und das Meine dazutun.

Darüber dachte ich nach, und die Antwort wurde mir bald klar: Dafür muss ich Pfarrer werden. Heute weiß ich, dass man, auch ohne Pfarrer zu sein, entschieden als Christ leben kann. Zuerst redete ich mit niemandem darüber. Ein halbes Jahr darauf fragte mich die Schulköchin in Marburg, was ich einmal werden wollte. »Pfarrer«, platzte ich heraus. Kurz darauf erzählte ich es auch meiner Familie. Meine Eltern hörten mich an. Mein Vater freute sich.

Silber

»Dein Reich komme« war das Motto des Katholikentages 1986. Christof war 18 und ich 19 Jahre alt. Für meinen Bruder und mich war das die erste große Gemeinschaftserfahrung. Über 140 000 Christen kamen nach Aachen, um sich zu informieren und zu diskutieren, gemeinsam zu feiern und zu beten.

Die Verbindung zwischen Glauben und Tun war in unserer Familie schon immer da gewesen. Was heißt es, Priester zu sein, habe ich mir überlegt. Wenn ich mich ganz weihe, hat das nicht nur mit Gottesdienst zu tun. Viele Menschen auf der Welt sterben vor Armut und Hunger. Ich lebe in Deutschland und nehme in Kauf, dass es Menschen in anderen Teilen der Welt nicht gut geht, dass sie ausgebeutet werden. Ich bin Teil der sündigen Strukturen.

»Haben Armut und Ausbeutung überhaupt etwas mit dem Glauben und Leben von Christen zu tun? Wenn ja, welche Konsequenzen soll ein glaubender Mensch in solchen Lebensverhältnissen ziehen?« Das waren Fragen, aus denen sich in den 1960er- und 1970er-Jahren in Lateinamerika die Theologie der Befreiung entwickelte. Darum ging es auch bei den Diskussionen auf dem Katholikentag. Wir hörten von der »Option für die Armen«, dass Kirche im Konflikt zwischen Reichen und Armen, Mächtigen und Ausgebeuteten nicht neutral bleiben könne. Die Theologie der Befreiung ist aus vielen Quellen in ganz Lateinamerika entstanden: aus Erfahrungen von Not, Verfolgung und Verarmung, durch ungerechte politische und wirtschaftliche Systeme; aus der Kehrtwende der katholischen Kirche auf dem Zweiten Vatikanischen Konzil, was ihr Verhältnis zu Welt, Gesellschaft und Politik anging, und aus dem gelebten Glauben vieler Christen Lateinamerikas.[6]

Ich dachte an den Jungen aus dem Internat, der so unglücklich gewesen war, dass er sich das Leben genommen hatte. Obwohl ich nichts dazugetan hatte, war ich Teil der Struktur gewesen, die es zugelassen hatte. Auch in der Nazizeit hatte es viele gegeben, die sich aus Angst weggeduckt oder mitgemacht haben.

Ich fragte mich: »Wie kann ich als Christ leben, ohne Jesu Botschaft jeden Tag zu verraten?«

Ich kann nicht sagen: Ich habe mit dem Unrecht in der Welt nichts zu tun. Ich kann meinen Teil dazu beitragen, dass die Strukturen sich zugunsten der Armen verändern. Ich kann darauf achten, wie ich über andere spreche, wie ich mich gebe, wie ich mit Geld umgehe. Ich will lernen, Gottes Liebe anzunehmen und meine eigene Begrenztheit in Demut anzuerkennen.

Gustavo Gutiérrez aus Peru, dessen Buch *Theologie der Befreiung* von 1971 als Beginn der Befreiungstheologie gilt, war in Aachen dabei. Auch Arbeitsminister Blüm und Bischof Kamphaus machten einen glaubwürdigen und tiefen Eindruck auf mich. Die Veranstaltungen des Katholikentages haben mich bewegt und geprägt. Die Theologie der Befreiung hat mich nicht mehr losgelassen.

Die Öffnung der katholischen Kirche, die das Zweite Vatikanische Konzil (1962–65) anstieß, war ein Segen für mich. In den 50er-Jahren war es noch undenkbar gewesen, dass ein Blinder Priester wird. Deswegen hatte mein Vater nicht über seinen Wunsch gesprochen, sondern sich für ein Leben als Familienvater entschieden. Doch nach dem Konzil veränderte sich das Verständnis von Kirche und vom Amt des Priesters. Von den Gläubigen, die bis dahin die Handlungen der Priester fast nur als Zuschauer verfolgten, forderte das Konzil, aktiv an der Messe teilzunehmen. Nun hieß es, Christus sei nicht nur in den geweihten Gaben und im Priester gegenwärtig, sondern auch in der versammelten Gemeinde.[7] Ohne diesen Wandel hätte ich nicht Priester werden können.

Parallel veränderte sich auch in der Gesellschaft einiges. Menschen mit Behinderung konnten stärker am Leben teilhaben. Davon hatte damals auch meine Mutter profitiert.

Bis heute schreibt das römisch-katholische Kirchenrecht vor, dass man gesund sein muss an Leib und Seele, um zum Priesterseminar zugelassen zu werden. Wir leben aber in einer Demokratie, in der man Dinge hinterfragen kann. Ich trat von Anfang an mit Selbstbewusstsein auf, was meine Berufung anging. »Ein blinder Pfarrer, geht das?«, bekam ich oft zu hören. Hätte ich solche Fragen nicht sicher mit »Ja« beantwortet, wäre es nichts geworden. Es gab keine Überfülle an Priestern, und ich rechnete mir aus, dass ich eine reale Chance hatte. Ich hatte einen Schwerbehindertenausweis und galt als blind, aber mein Sehrest erleichterte mir einiges. Wenn ich damals schon vollkommen blind gewesen wäre, weiß ich nicht, ob ich es mir zugetraut hätte.

Mein Vorbild war unser Dorfpfarrer. Er konnte gut mit Kindern umgehen und war ein toller Seelsorger. Ein ganz normaler Pfarrer. Ich dachte mir, das kann ich auch erreichen: das Gewöhnliche außergewöhnlich gut machen. Ein Leben zu führen, das Gott gefällt, war mir am wichtigsten. Kindliche Beweggründe wie das Ansehen, das ein Pfarrer hat, und dass er Leuten sagen kann, was sie machen sollen, spielten zu Beginn auch eine Rolle. Nach und nach haben sich meine Motive aber gereinigt, wie bei der Gewinnung von Silber aus Silbererz – einem langwierigen Prozess, bei dem das Rohsilber mithilfe einer Lauge herausgelöst, gefiltert und weiter gereinigt wird. Heute steht meine Liebe zu den Menschen im Mittelpunkt.

»Nur wenige Menschen ahnen, was Gott aus ihnen machen würde, wenn sie sich ihm ganz überließen.« Das Wort des heiligen Ignatius von Loyola auf dem Deckblatt des Flyers des Bistums Limburg unter meinem Lesegerät sprach mich an. Ich wollte wissen, was in diesen »Tagen zwischen den Jahren« 1986, die auf dem Zettel beworben wurden, genau geplant war.

Mein Abitur lag noch vor mir. Weil Papa sich über meinen Wunsch, Priester zu werden, freute, hatte er bei einer Firmung unserem Bischof davon erzählt und mich zu dieser Veranstaltung für Interessierte am Priesterberuf angemeldet.

Diese Tage hatten es in sich. Wir sprachen über unsere Fragen in der Gruppe mit dem Leiter des Priesterseminars, und jeder konnte unter vier Augen mit dem Bischof reden. Ich dachte, wenn ich Bischof Franz Kamphaus sage, dass ich Priester werden will, empfängt er mich mit offenen Armen.

»Ich kann es mir nicht vorstellen«, war stattdessen seine Reaktion. Ich fühlte mich wie ein Bergsteiger, der mit Ausrüstung und Proviant am Fuß des Berges steht, zum Gipfel hinaufblickt, bereit aufzubrechen, und dann gezwungen wird, im Tal zu bleiben.

Andreas, einer der anderen Teilnehmer, arbeitete in einer Bank, interessierte sich aber auch für den Priesterberuf. Eine Nachtanbetung gehörte ebenfalls zum Programm. Ob es Zufall war, dass Andreas und ich morgens um drei nebeneinander in der Stille der Kapelle knieten? Ich nahm damals nicht viel von ihm wahr, weil wir ja nicht redeten.

Mit der Gruppe der Interessierten fuhren wir zur Euthanasie-Gedenkstätte in Hadamar. Man konnte die ehemalige Gaskammer im Keller noch betreten. Das ging mir sehr nahe. Ich empfinde eine Grundsolidarität mit anderen Menschen mit Behinderung. Danach zu Kaffee und Kuchen überzugehen wäre mir unmöglich gewesen.

Ich war aber froh, dass ich diesmal dabei gewesen bin – anders als einige Jahre zuvor in Auschwitz.

Damals war ich 18 gewesen. Ich erinnere mich, dass Gemeindemitglieder über polnische Verwandte eine Reise ins ehemalige Konzentrationslager Auschwitz organisiert hatten, bei der Papa, Christof und ich mitfuhren. Als wir ankamen, blieb ich im Bus sitzen. Ich wagte nicht, mich dem Horror, der dort im deutschen Namen geschehen ist, auszusetzen. Im Nachhinein bereue ich es. Ins drei Kilometer entfernte Vernichtungslager Birkenau, wo die Nazis über eine Million Menschen getötet haben, ging ich aber mit. Ich empfand genau das, wovor ich mich gefürchtet hatte: Ich werde dieser schlimmen

Sache nicht gerecht. Sie müsste mich zerreißen, ich müsste in Tränen ausbrechen.

Schweigend liefen wir durch die Baracken, über die Felder.

Ich solle mir die Arnsteiner Patres, einen Männerorden im Bistum, anschauen, hatte mir der Bischof bei unserem ersten Gespräch geraten. Ich wollte aber Gemeindepfarrer werden, deshalb war ich nicht offen dafür. Ich besuchte die Ordensbrüder an der Lahn zwar, doch das bestätigte nur meine Meinung: Das war nichts für mich. Anscheinend konnte ich mit meinem Wunsch, Priester zu werden, beim Bistum Limburg nicht landen, deshalb ging ich nach Mainz. »Wieso fragen Sie hier, Sie sind doch aus Limburg?«, wunderte sich der Leiter des dortigen Priesterseminars. »Fragen Sie noch mal in Limburg nach, das war sicher ein Missverständnis.« Ich fuhr wieder nach Limburg.

Ganz und gar unerwartet bekam ich dann vom Bistum in Limburg die Zusage, ich könne im Priesterseminar von Sankt Georgen in Frankfurt mit dem Studium beginnen. Dort studierten die Priesterkandidaten der Bistümer Limburg, Hildesheim und Osnabrück, nach der Wiedervereinigung auch die des Erzbistums Hamburg.

Ich schrieb mich an der philosophisch-theologischen Hochschule ein, doch vor Beginn des Studiums ging es meinem Vater, der seit 1986 krank war, schlechter, und wir erfuhren, dass er nicht mehr lange leben würde. In seinem Kopf wuchsen Tumore, er konnte nicht mehr reden und wurde immer schwächer. Mama holte ihn aus dem Krankenhaus heim, und zu dritt pflegten wir ihn. Im November 1987 starb er.

Ich war gerade 21, und mein geliebter Vater war nicht mehr da.

»Gott, warum hast du das nicht verhindert? Warum hast du

ihn nicht wieder gesund werden lassen? Er war fromm, hat gebetet und ein gottesfürchtiges Leben geführt. Warum?« Ich haderte mit Gott. Drei Jahre lang weigerte ich mich, »Großer Gott, wir loben dich« zu singen. Ich zweifelte an der Liebe Gottes, aber nicht an seiner Existenz. Ich verstand nicht, warum Gott meinen Vater nicht geheilt hatte. Sein Tod erschütterte mich. Meine Berufung war sicher auch erschüttert, aber ich wollte mich nicht von Gott trennen.

Die Immatrikulation an der Universität zurückzunehmen und erst einmal zu arbeiten, um mein Studium finanzieren zu können und die Familie zu unterstützen, war selbstverständlich, jetzt, wo Vater nicht mehr da war. Mit 21 Jahren verdiente ich mein erstes Geld in einem Job in der klinischen Forschung, den ich mit Mamas Zutun über einen Arbeitskollegen meines Vaters bekommen hatte. Gut hätte ich mir vorstellen können, so eine Arbeit dauerhaft zu machen und nachmittags um vier Uhr aus dem Büro heimzugehen. Ich telefonierte, kümmerte mich um Testpersonen und kopierte Unterlagen auf Mikrochips. Die Arbeit gefiel mir. Die Abteilungsleiterin bot mir sogar eine feste Stelle an. Das war eine Bestätigung für mich, dass ich gute Arbeit geleistet hatte. Doch ich hielt an meiner Berufung fest. Später arbeitete ich aber in den Semesterferien dort.

Wahnsinnigen Druck, mich zu beweisen, empfand ich 1988, als ich mein Studium der Theologie anfing. Ich war mir sicher, dass die Verantwortlichen in Limburg dachten: »Probieren Sie es aus, Sie werden schon sehen, dass Sie es nicht können.« Ich war ein guter Schüler gewesen und wusste, dass ich am theoretischen Studium nicht scheitern würde. Doch würde ich als Blinder ein guter Seelsorger sein können? Ich merkte, dass ich jetzt schon vieles nicht mitbekam, weil ich in Gesprächen

Gestik und Mimik nicht verfolgen konnte. Wie würde es sein, wenn ich später einmal völlig erblindet wäre? Ich erkannte Leute nicht, die mir vorgestellt worden waren; ich würde nie Auto fahren, und ich konnte nicht einmal lesen, was an der Tafel stand.

Während des Studiums wurden meine Augen wie erwartet schwächer. Meine Professoren kamen mir entgegen. Arbeitsblätter kopierten sie mir größer.

Das Vordiplom stand an. Auf mir lag ein unwahrscheinlicher Druck. Christof stoppte daheim, ob ich länger zum Lesen eines Textes brauchte, wenn er in Schwarzschrift oder wenn er in Blindenschrift geschrieben war. Das Ergebnis war eindeutig: In Blindenschrift war ich schneller. Also übertrug ich alle Aufzeichnungen für die Prüfungen in die Blindenschrift.

Hebräisch war Pflicht für das Vordiplom. Wir bearbeiteten vorab 15 Texte, von denen einer in der Prüfung drankam. Die Prüfer stellten mir übergreifende Fragen und ersparten mir, Wort für Wort vorzugehen. Weil ich ein gutes Gedächtnis habe, konnte ich die Texte praktisch auswendig.

An meine Grenzen stieß ich in Metaphysik und Philosophie. Ich hatte geglaubt, alles verstehen zu können, was andere gedacht haben. Manches verstand ich aber nicht. Das ließ ich weg.

Als die Prüfungen vorbei waren, fiel der gesamte Druck endlich von mir ab. Ich hatte es geschafft!

Eigentlich eine echte Bestätigung, dass ich auf dem richtigen Weg war. Doch leider dachten nicht alle so: »Ich kann mir nicht vorstellen, dass Sie Priester werden können«, sagte der Regens, der Leiter des Priesterseminars Sankt Georgen, zu mir und verordnete ein einjähriges Seelsorgepraktikum. »Strafpraktikum« hieß das bei uns Studenten. Es wurde nur Kandidaten auferlegt, bei denen das Priesterseminar sich nicht sicher war, ob sie geeignet sind. Ein Jahr Praxis sollte es zeigen.

Ich lehnte mich innerlich dagegen auf. Die anderen durften weiterstudieren – nur ich musste eine Ehrenrunde drehen. »Du willst doch in die Seelsorge gehen. Wenn du das Praktikum als Strafe empfindest, musst du dir überlegen, ob du den richtigen Weg gewählt hast.« Diese Worte meines geistlichen Begleiters veränderten meine innere Haltung.

Das Jahr in Lahnstein 1990/91 hat mir tatsächlich geholfen, mir über meine Berufung klar zu werden. Ich wohnte im Pfarrhaus und unterstützte den Pfarrer. Bei Tischmessen mit Senioren durfte ich predigen, und ich übernahm Einführungen in Gottesdienste mit eigenen Gedanken zum Evangelium. Dreimal die Woche besuchte ich das Krankenhaus. Die Seelsorge dort war schwierig für mich, denn ich kannte die Patienten nicht, die ich vor mir hatte, und sah nicht, ob sie eine Kanüle im Arm oder einen Verband am Kopf hatten, ob sie blass waren oder frisch aussahen.

Einmal weigerte sich eine Patientin, mich nach dem ersten Besuch noch einmal zu empfangen, weil ich beim ersten Gespräch nicht einfühlsam genug gewesen wäre. Ich hatte sie immer weiter ausgefragt. Ihre Ablehnung war schlimm für mich, weil ich sie als Beweis nahm, dass ich als Seelsorger ungeeignet wäre. »Du bist einfach noch unerfahren, so schnell geben wir nicht auf«, kommentierte der Pfarrer den Vorfall und ermöglichte mir, einen Gesprächsführungskurs zu besuchen, um solche Situationen zu üben. Er riet mir auszuprobieren, welche Arbeit für mich später infrage käme.

Mehrere Abende pro Woche verbrachte ich in Koblenz in einem Haus der Caritas, wo Menschen mit geistiger Behinderung betreut wohnen. Ich sah mit ihnen fern und unterhielt mich mit ihnen. Wäre ich ein guter Behindertenseelsorger? Wollte ich das? Ich empfand viel Wohlwollen, merkte aber: Ich will Gemeindepfarrer werden. Ich will für alle Menschen da sein, mit und ohne Behinderung, für alle Altersklassen, für alle Bildungsschichten, in allen Lebenslagen, in Freud und Leid.

Das Beste, das mir in Lahnstein passierte, war der Anschluss, den ich an die Kolpinggruppe junger Erwachsener bekam. Jeden Freitagabend trafen wir uns zu einer Gruppenstunde im Pfarrheim. Wir brachten Spiele mit, diskutierten, stellten uns gegenseitig unsere Lieblingsmusik vor. Um zehn gingen wir in die Kneipe und tranken gemütlich noch ein Bier. Die regelmäßigen, selbst vorbereiteten Gruppenstunden prägten meinen Ansatz für Jugendarbeit entscheidend. Zudem genoss ich es, mit Gleichaltrigen Dinge zu tun, die neu für mich waren: auf einen Polterabend zu gehen, ein Rockkonzert zu erleben, auf ein Theaterwochenende mitzufahren. Das hat meinen Horizont enorm erweitert. Mit dieser Gruppe feierte ich über Jahre Silvester und besuchte Fassenachtsumzüge. Noch lange nachdem ich nach Würzburg gezogen war, fuhr ich alle drei Wochen am Freitagnachmittag zu den Gruppenstunden und übernachtete im Pfarrhaus, wo ich willkommen war.

»Ich kann mir immer noch nicht vorstellen, dass Sie Pfarrer werden«, sagte der Regens von Sankt Georgen, als er mich im Sommer 1991 am Ende meines Praktikums in Lahnstein besuchte – noch bevor er fragte, wie mein Praktikum gelaufen sei. Er hatte prinzipielle Zweifel daran, dass ein Blinder Priester werden konnte. Das hatte ich nicht erwartet, und es traf mich. »Das kann ich nicht akzeptieren. Ich werde es mit dem Leiter des Limburger Priesterseminars besprechen«, konterte ich. Dieser war verantwortlich für meine Ausbildung und betreute die Priesterkandidaten des Bistums nach Studienende bis zur Weihe. Wie sollte ich meine Berufung leben, wenn mir der Leiter von Sankt Georgen immer wieder Steine in den Weg legte? Sah er nicht, wie ich mich anstrengte? Warum reichte es nicht?

Ich schlug die Bibel auf meinem Schreibtisch im Buch der Psalmen auf, kniete mich davor und betete:

»Hilf mir, o Gott! Schon reicht mir das Wasser bis an die Kehle. Ich bin in tiefem Schlamm versunken und habe keinen Halt mehr; ich geriet in tiefes Wasser, die Strömung reißt mich fort. Ich bin müde vom Rufen, meine Kehle ist heiser, mir versagen die Augen, während ich warte auf meinen Gott. Zahlreicher als die Haare auf meinem Kopf sind die, die mich grundlos hassen ...« (Psalm 69,1–5a)

Als ich aufstand, war ich ruhiger. Diesen Klage-Psalm schleuderte ich Gott entgegen, vertraute ihm meine Aggressivität, meine Wut an und überließ ihm die Rache. Nur so konnte ich dem Regens von Sankt Georgen bei der Eucharistiefeier aus ehrlichem Herzen die Hand zum Friedensgruß reichen.

Kurz darauf empfing mich der Regens des Limburger Priesterseminars, bei dem die Entscheidung über meinen weiteren Weg lag: »Wir können uns inzwischen vorstellen, dass Sie Priester werden. Sie haben das Vordiplom mit Bravour bestanden und das Gemeindepraktikum in Lahnstein gut gemeistert. Der dortige Pfarrer hat uns bestätigt, dass Sie in der Lage sind, in der Seelsorge zu arbeiten. Es hat sich gezeigt, dass Ihre Sehbehinderung kein Hinderungsgrund ist. Sie können weiter als Priesterkandidat studieren. Über alle weiteren Schritte bleiben wir in engem Austausch. Sie dürfen meiner Unterstützung sicher sein.«

Ich wäre ihm fast um den Hals gefallen. Mehr konnte ich in diesem Stadium der Priesterausbildung nicht erwarten. Ich selbst hatte nie grundsätzliche Zweifel an meiner Eignung gehabt, weil ich glaube, dass Gott auch in meiner Schwachheit seine starke Liebe zum Ausdruck bringen kann.

Bis dahin hatte ich Limburg beweisen müssen, dass ich es konnte. Ich hatte unrecht gehabt – man war offen mir gegenüber, niemand wollte mich scheitern sehen. Die Verantwortlichen hatten nur keine Erfahrungswerte gehabt, auf die sie zurückgreifen konnten, und mich nicht überfordern wollen. Nun musste ich nicht mehr darum kämpfen, Priester werden zu dürfen, sondern ich hatte Freiraum zu überlegen, ob ich das wirklich wollte.

Du oder keine

Hässlich war sie nicht, so viel konnte ich erkennen: dunkle Haare, so groß wie ich, schlank. Angenehme Stimme. Aber das war es nicht. Wir verstanden uns gut. Ich genoss die Zeit mit ihr. Ich bin mir im Nachhinein nicht sicher, ob ich mich richtig erinnere, was ich damals empfunden habe. Ich frage mich beim Erzählen: War das wirklich so?

Zum ersten Mal traf ich Anna 1986 bei einer Bergwanderwoche am Brenner. Ich war mit meiner Familie dort. Anna war als sehende Begleitperson angereist. Drei Touren gingen sie und ich gemeinsam. Gleich am ersten Tag gab sie mir ein Matherätsel auf: »Du hast zwölf Kugeln, von denen eine schwerer oder leichter ist. Die Kugeln sehen alle gleich aus. Wie kannst du durch drei Wiegegänge mit einer Balkenwaage herausfinden, welche Kugel das ist?« Ich knobelte eineinhalb Tage, bis ich es heraushatte.

Ein Mädchen beschäftigte sich mit mir! Das war neu für mich. Bei mir funkte es.

Nach der Wanderwoche schrieben wir uns. Im Jahr darauf wurde eine Freizeit in der Schweiz angeboten, wo ich mit meinem Vater und Christof vorher schon einmal gewesen war.

Wir hatten in einer urigen Hütte in über 1 000 Metern Höhe gewohnt. Die Luft war dünn gewesen, das Essen einfach und das Wasser eiskalt. Zum Duschen musste man zum Schwimmbad in den Ort hinunterlaufen. »Hättest du nicht Lust, dorthin mitzukommen?«, fragte ich Anna am Telefon, denn ich wollte sie wiedersehen. Sie lebte in Österreich. St. Gallen war nicht weit. Sie meldete sich an. Wieder wanderten wir miteinander. Die Gruppentouren am Tag, bei denen sie mich auf die Berge führte, waren unsere intensivste Zeit zu zweit. Sie erzählte mir von ihrer Familie und ich ihr von meiner. Mir imponierte, dass sie – auch an den steilsten Hängen – nicht außer Atem kam, obwohl wir uns die ganze Zeit unterhielten. Das Tempo der Gruppe war zügig. In den Pausen saßen wir auf einem Stein nebeneinander und aßen mitgebrachte Butterbrote oder lagen im Gras und alberten herum. Abends saßen wir mit den anderen am Kamin und spielten Karten oder liefen zur Wirtschaft im Ort.

Ostern 1988 luden Anna und ihre Freundin Christof und mich nach Österreich ein. Ich übernachtete bei Anna.

Am Abend, ich lag schon im Bett, klopfte es leise an der Tür. »Bist du noch wach?«, flüsterte Anna, kam mit ihren leichten Schritten herein und steckte mir eine Wärmflasche unter die Decke, direkt an die eiskalten Füße. Den ganzen Tag über hatte ich geschnieft, und wahrscheinlich brütete ich etwas aus. Spontan wollte ich sie an mich ziehen, ihr sagen, wie viel ich für sie empfand. Aber was würde sie davon halten? Ich gab dem Impuls nicht nach, denn ich war ja ihr Gast, und sie würde das vielleicht als übergriffig empfinden. Mein Vater war erst wenige Monate vorher gestorben. Es war zu früh, tief greifende Entscheidungen zu treffen. »Danke« war alles, was ich herausbrachte. Ich glaube schon, dass ich mir seit meiner ersten Begegnung mit Anna im Sommer 1986 gewünscht habe, mein Leben mit ihr zu verbringen, sie zu heiraten und mit ihr eine Familie zu gründen.

Christof und ich gingen mit den Mädchen am Karfreitag ins Hotel zum Frühstücken, was ich heute nicht mehr machen würde, weil wir an dem Tag an den Kreuzestod Jesu Christi denken und das ein strenger Fastentag für mich ist.

Nach dem Besuch hoffte ich, Anna bald wiederzusehen.

Ein paar Monate später schrieb sie mir, dass sie einen Freund hat. »Liebeskummer lohnt sich nicht, my darling«[8], lief damals jeden Tag im Radio. Es traf mich, dass sie einen anderen hatte. Der Kontakt brach ab.

Im Sommer 1991, am Ende meines Seelsorgepraktikums, ging ich wieder mit Christof auf eine Bergwoche. Ich war überrascht, Anna dort zu treffen. Wir waren gleich wieder vertraut miteinander. Mit ihrem Freund war es aus.

Nach der Wanderwoche kam sie mich besuchen. Ich zeigte ihr Marburg, wo ich zur Schule gegangen war. Sie hatte geglaubt, mein Heimatort wäre in der unmittelbaren Nähe der Stadt, und hatte sich in der Marburger Jugendherberge eingemietet. Er war aber zu weit weg, um jeden Tag zu fahren, darum holten wir ihre Sachen zu uns nach Hause.

Mein Freisemester an der Uni in Würzburg stand bevor, und ich brauchte ein Zimmer, weil man in dieser Zeit nicht im Priesterseminar wohnt. Man ist auch nicht verpflichtet, mehrmals die Woche die Messe zu besuchen. Das erste Mal seit Studienbeginn sollte ich mich selbst versorgen und neben dem Studium in mich hineinhören und herausfinden, ob ich wirklich Priester werden und ins Priesterseminar zurückkehren wollte.

Anna und ich fuhren mit dem Auto nach Würzburg und schauten Zimmer an. Das erste war zu teuer, das zweite direkt an einer vierspurigen Straße, das dritte zu weit außerhalb.

Später fand ich eine Kellerwohnung, die mir ein Bekannter meines Vaters vermittelte.

Am Nachmittag wanderten Anna und ich auf die Festung. Ich ging, wie immer, schräg hinter ihr und hielt mich an ihrem Ellenbogen fest. Oben lehnten wir uns an die Mauer und schauten auf die Stadt herunter: Kuppeln, Türme und Brücken, der glitzernde Main, der sich zwischen den Häusern durchschlängelte. Anna beschrieb mir, was sie sah. Doch davon bekam ich nicht viel mit. Ich spürte, etwas lag in der Luft.

Sie nahm meine Hand: »Bist du dir ganz sicher, dass du Priester werden willst?«

Mein Magen zog sich zusammen. »Warum fragst du das?«

»Weil ich mir mehr vorstellen könnte.«

Ich sagte ihr, dass sie mich damit so glücklich machte wie noch niemand zuvor. Andererseits hatte ich mich schon intensiv damit auseinandergesetzt, dass ich eine Erbkrankheit hatte und mein Augenleiden auf Kinder vererben würde. Das erklärte ich ihr, und sagte ihr auch, dass ich mir ein gemeinsames Leben ohne eigene Kinder trotzdem nicht vorstellen könne.

Das fand sie schwierig.

Ich stand an einer Weggabelung. Seit meiner Firmung hatte ich darauf hingearbeitet, Priester zu werden. Das war der Weg, der mir bisher als der einzig mögliche erschienen war. Ich hatte darum gekämpft, das Studium als Priester anfangen zu können; ich hatte darum gekämpft, Anerkennung im Priesterseminar zu bekommen; ich hatte darum gekämpft, Station um Station weitergehen zu können. Am Gipfel wartete die Priesterweihe. Diesen Gipfel wollte ich spätestens mit 30 erreicht haben.

Wollte ich das immer noch? Wäre es nicht besser, eine Familie zu gründen, wie mein Vater, nach der Arbeit mit meinen

Kindern zu spielen, meine Frau zu lieben und sie glücklich zu machen?

Ich dachte an die Wanderungen mit Anna, unsere Gespräche, ihr Lachen. Ich spürte ihre warme Hand in meiner. Ich wusste nicht, für welchen Weg ich mich entscheiden sollte. Wie ich weiterging, würde mein restliches Leben bestimmen. Eine ganz neue Möglichkeit stand zur Wahl. Noch nie vorher hatte ich so für einen Menschen empfunden.

Anna war eine geübte Autofahrerin, und nach eineinhalb Stunden kamen wir zu Hause an. Das Abendessen war vorbereitet, und wir saßen mit Mama und Christof am Tisch. Anna erzählte. In mir arbeitete es. Keinen Bissen brachte ich an dem Abend hinunter. Nach dem Essen ging ich mit Anna ins Wohnzimmer; es gab viel zu besprechen, denn sie musste am nächsten Tag wieder nach Hause. Wir ließen uns auf dem Sofa nieder, auf dem ich mit Papa »Mount Everest« gespielt hatte, als ich klein gewesen war. Wir saßen so nah beieinander, dass ich ihr Herz schlagen hörte. Sie nahm mein Gesicht in ihre Hände. »Ich könnte mir vorstellen, mein Leben mit dir zu verbringen«, flüsterte sie, berührte meine Lippen mit ihren und küsste mich. Überrascht erwiderte ich ihren Kuss. In diesem Moment höchsten Glücks, aber mit klarem Verstand, formte sich in mir der Entschluss: »Du oder keine.«

Zum ersten Mal in meinem Leben wurde mir meine Blindheit schmerzlich bewusst. In der Beziehung zum anderen Geschlecht ist sie am stärksten ein Hindernis. Ich sah nicht, ob Anna lächelte oder ob sie die Augenbrauen zusammenzog. Blickkontakt war unmöglich. Ich sah nicht, ob sie weinte.

Meiner Mutter war nicht entgangen, dass ich verliebt war, und wir hatten darüber geredet, welche Folgen meine Augenkrankheit für meine Kinder haben würde. Bei ihr und Papa hatte sich die Netzhaut immer weiter abgelöst. Diese Krankheit führt oft zur Erblindung. Meist lässt die Sehkraft früh nach, so wie ich es an mir erlebte, obwohl ich erst 24 war. Die Wahrscheinlichkeit, dass ich das an meine Kinder vererben würde, war hoch.

Hätten meine Eltern »Ja« zu mir gesagt, wenn ihnen klar gewesen wäre, dass ich – wie sie – blind werden würde? Ich hoffe es, denn ich lebe gern.

»Unsere Kinder würden erblinden«, sagte ich zu Anna.

Auch dass ich mir als Christ nur vorstellen könne, in einer sakramentalen Lebensform zu leben, entweder als Ehemann und Vater mit leiblichen Kindern oder als Priester. Als Pastoralreferent in einer Gemeinde zu arbeiten wäre für mich weder Fisch noch Fleisch. Konnte Anna das verstehen? Sie studierte Theologie, wie ich. Ich hoffte, dass sie es verstehen würde. Ich hoffte so sehr, dass sie Ja zu mir sagen würde.

Anna machte mir deutlich, dass sie sich kaum vorstellen könne, sich auf meinen Kinderwunsch einzulassen. Sie bot mir an, es zu versuchen und sich unter der Voraussetzung, dass das erste Kind sieht, für ein zweites zu entscheiden. Darauf konnte ich mich nicht einlassen. Ich habe ihr gesagt, dass ich sie von ganzem Herzen liebe, und hoffte, dass sie ihre Meinung ändert.

Sie lud mich für Ende Oktober 1991 ein.

Bei diesem Treffen schlug sie vor, Kinder zu adoptieren. Das konnte ich mir aber nicht vorstellen. Die Bereitschaft für eigene Kinder gehört für mich zur Ehe. Der Mensch bekommt durch den Akt der Liebe einen Anteil an der Schöpferkraft Gottes. Ich hätte mich nie gegen eigene Kinder entscheiden können. Wenn ich mich selbst als blinder Mensch ganz bejahe, muss ich auch Ja zu blinden Kindern sagen. Davon war ich fest überzeugt.

Sie schlug vor, dass ich mein Freisemester in ihrer Nähe

absolviere, damit wir uns besser kennenlernen, über unsere Fragen sprechen und zu einer gemeinsamen Lösung finden könnten. Wenn ich mich darauf eingelassen hätte, wäre es mir vielleicht gelungen, sie umzustimmen. Ich befürchtete aber, dadurch mein Studium zu gefährden. Die Wegstrecke, die ich zurückgelegt hatte, war mühsam gewesen. Wenn ich jetzt stolpere, ist alles verloren, dachte ich. Noch einmal von vorne anfangen war unmöglich.

Anna und ich telefonierten immer am Wochenende. An einem Wochenende wollte ich aber meine Oma und meinen Onkel besuchen. Sie fragte mich nach der Telefonnummer. Ich wollte ihr sie aber nicht geben. Ich wollte nicht, dass meine Oma etwas von meinen Zweifeln mitbekam. Wenn mich innerlich etwas stark beschäftigt und ich nicht weiß, was ich wirklich will, trage ich das erst einmal mit mir selber aus. Meine Verwandten sollten nicht denken, ich wäre unsicher in meiner Entscheidung, Priester zu werden.

Heute erkenne ich, wie schwer ich es Anna gemacht habe. Ich habe ihr jede Möglichkeit genommen. Damals war ich stur. Später wäre ich auf ihre Vorschläge eingegangen. Als ich sie das nächste Mal besuchte, merkte ich, wie sie sich zurückzog. Ich wollte sie auf keinen Fall bedrängen. Liebe kann man sich weder erarbeiten noch verdienen. Liebe kann man nur frei geschenkt bekommen. Als Anna mir bei unserem letzten Telefonat sagte, dass es mit uns nichts werden könne, schrieb ich ihr trotzdem einen Brief, mit dem ich hoffte, sie umzustimmen. Ich erklärte ihr, dass ich ein eindeutiges »Ja« bräuchte, um meine Lebensentscheidung zu ändern. Ich konnte nicht riskieren, ohne realistischen Entwurf für mein Leben dazustehen.

Ich hatte Sehnsucht nach ihr und wünschte mir, dass sie sich für mich entschied.

Sie meldete sich nicht.

Wenn Anna vor meiner Weihe zum Diakon, bei der ich das Versprechen der Ehelosigkeit gab, zurückgekommen wäre, hätte ich mich für sie entschieden. Doch ab da war mein Weg klar. Ich habe mich nicht mehr umgedreht.

Ich bete jeden Tag für Anna und wünsche ihr aus tiefstem Herzen, dass sie glücklich ist. Nie mehr danach habe ich so für eine Frau empfunden. »Dein Wille geschehe«, betete ich zu meinem himmlischen Vater und akzeptierte, wie es war.

Ich bin Priester mit Leib und Seele, glücklich und erfüllt. Genauso wenig, wie ich mir vorstellen kann, meinen Glauben zu verlieren, kann ich mir heute vorstellen, mein Priesteramt aufzugeben. Dass es mir so gut geht, liegt daran, wie ich leben und arbeiten kann.

Ich bin bereit

Dass ich meine Berufung als Priester heute so leben kann, wie ich es tue, verdanke ich auch einem besonderen Menschen: Andreas. Andreas begann sein Theologiestudium zwei Jahre nach mir. Richtig kennengelernt haben wir uns erst 1993, in meinem letzten Jahr in Sankt Georgen. Er war damals nur noch ein Jahr unter mir, denn ich hatte durch das Seelsorgepraktikum ein Jahr länger gebraucht.

»Ich könnte mir vorstellen, mit dir zusammen zu arbeiten und zu wohnen«, bot Andreas mir an. Nie hätte ich damit gerechnet. Ich freute mich riesig über sein Angebot, denn es gab mir eine große Sicherheit. Ich würde nicht immer wieder neuen Pfarrern beweisen müssen, dass ich als Blinder Priester sein kann, sondern wir beide würden immer am selben Wirkungsort tätig sein. In einer Gemeinschaft zu leben war mir wichtig.

1994 legte ich mein Diplom in Theologie ab. Danach begann der Pastoralkurs, und ich absolvierte, wie alle im Kurs, von September bis Dezember zuerst ein Praktikum. Dann folgten fünf Monate Limburger Priesterseminar und im Mai die Diakonenweihe.

Eine Stelle für Praktikum und Diakonat zu bekommen war nicht ganz einfach gewesen. »Wir haben schon genug zu tun«, hatten viele Pfarreien meine Bewerbung abgelehnt, aus Angst, dass ein blinder Diakon einige Extrabelastungen mit sich bringen würde. Schließlich klappte es im Lahn-Dill-Kreis. Zur selben Zeit war dort allerdings noch ein weiterer Diakon in der Pfarrei, was nicht üblich war. In der Diaspora zu arbeiten war ebenfalls eher ungünstig für mich, auch weil es wenig öffentliche Verkehrsmittel gab. Dass ich nicht Auto fahren konnte, erwies sich als großer Nachteil. Obwohl wir uns gut verstanden, empfahl mich der dortige Pfarrer nicht, weil er grundsätzliche Bedenken wegen meiner Blindheit hatte, sondern ließ offen, ob ich geeignet sei, Priester zu werden – der Bischof sollte entscheiden.

Normalerweise wird man nach dem Diakonatsjahr zum Priester geweiht und an einen neuen Ort versetzt. Um mich nicht zu überfordern, entschied der Leiter des Limburger Priesterseminars, dass noch ein zweites Jahr als Diakon folgen sollte, und zwar im Rheingau. Dort würde ich im Jahr darauf den Rollenwechsel zum Priester vollziehen. Mein Ziel, mit 30 Jahren geweiht zu werden, erreichte ich daher nicht, aber es war gut, wie es kam: Mein zweites Jahr als Diakon gefiel mir, der dortige Pfarrer bestätigte meine Eignung, Priester zu werden, und ich landete im Weihekurs bei Andreas.

In meinem vorherigen Kurs hatte ich mich nicht von allen akzeptiert gefühlt. Einmal war es zum Beispiel passiert, dass ich beim Friedensgruß im Gottesdienst einem Studienkollegen meine Hand hinstreckte und der seine zurückzog, angeblich, weil ich Schnupfen hatte. Anders war es im Kurs von Andreas, in dem dieser zudem Kurssprecher war. Bei einer Ausbildungsveranstaltung in der Fastenzeit spielte ich abends Doppelkopf und trank Äbbelwoi, hessischen Apfelmost, so wohl fühlte ich mich. Wer mich und meine Prinzipien kennt, weiß, wie außergewöhnlich das war.

Beim Blick zurück auf meine Priesterweihe fallen mir viele Eindrücke ein: Die Glocken klingen, und die Orgel spielt, als wir am 28. Juni 1997 in den Limburger Dom einziehen. Das Hohe Haus ist voller Menschen, die auf uns warten, die für uns gebetet haben, die weiter für uns beten. Kameras klicken, und Stimmen wispern. Ich bin kribbelig. Mama und Christof sitzen vorne auf reservierten Plätzen. Wir Kandidaten setzen uns in die erste Bank. Die Domsingknaben stimmen einen gregorianischen Choral an, es wird ruhiger, auch in mir. Der Diakon sagt meinen Namen: »Stefan Müller.« – »Ich bin bereit«, rufe ich. Mit Andreas und den beiden anderen Kandidaten für die Priesterweihe trete ich vor den Bischof. Dass wir diesen Tag zusammen erleben dürfen!

»Herr Bischof, die heilige Kirche bittet dich, diese unsere Brüder zu Priestern zu weihen«, schlägt der Regens vor.

»Weißt du, ob sie würdig sind?«, fragt der Bischof.

»Ich bezeuge, dass sie für würdig gehalten werden.«

Es ist wirklich wahr, ich gehöre dazu. Wie ich diesen Tag herbeigesehnt habe.

»Mit dem Beistand unseres Herrn und Gottes Jesus Christus erwählen wir diese unsere Brüder zu Priestern«, verkündet der Bischof.

»Dank sei Gott, dem Herrn«, höre ich die Stimmen der vielen Hundert aus dem Kirchenschiff. Der Duft des Weihrauchs vermischt sich mit dem Geruch der Kerzen, die im Altarraum brennen.

Ich habe es geschafft. Ich bin am Ziel, am Gipfelkreuz angekommen. Ein langer Weg liegt hinter mir. Ich habe ihn bewältigt. Neun Jahre Ausbildung, in denen ich beweisen musste, dass ich in der Lage bin, Pfarrer zu werden. Ich spüre keinen Groll gegenüber denen, die mich abgelehnt hatten, und ich kann gut damit umgehen, dass nicht jeder diese Entscheidung mittragen konnte. Entscheidend für mich ist, dass der Leiter des Limburger Priesterseminars und der Bischof meiner Berufung geglaubt haben. Meine Erleichterung und Dankbarkeit lege ich in das Lied »Komm, Heiliger Geist, der Leben schafft, erfülle uns mit deiner Kraft«. Ich singe so frei wie noch nie. In unseren hellen Gewändern hören wir vier unten in der ersten Bank der Predigt des Bischofs zu. Dann treten wir vor ihn. Er fragt uns, ob wir bereit seien, die Gemeinde als seine Mitarbeiter umsichtig zu leiten, den Dienst am Wort Gottes zu erfüllen, die Sakramente in Ehrfurcht zu feiern, mit ihm im Gebet für die Gemeinde vor Gott zu treten, den Notleidenden, Armen, Kranken und Heimatlosen beizustehen und uns Tag für Tag enger an Christus zu binden. »Mit Gottes Hilfe bin ich bereit«, antworte ich. Wir haben den Ablauf als Gruppe geübt, und ich sehe noch Umrisse. So kann ich alleine zum Bischof vortreten, mich vor ihn knien und ihm Gehorsam versprechen.

Die Gemeinde singt die Allerheiligenlitanei, und wir vier liegen ausgestreckt, mit der Stirn auf dem Boden vor dem Altar. Diese Haltung der Demut kenne ich von der Weihe zum Diakon. Mamas und Christofs Stimmen höre ich heraus. Ich bin so froh, dass sie da sind. Wenn Papa jetzt dabei sein könnte! Rechts neben mir Andreas, links die anderen beiden, knien wir vor dem Bischof. Er legt seine Hände auf meinen Kopf, warm und zustimmend. Über hundert Priester aus dem Seiten-schiff und Chorraum ziehen an uns vorbei, legen mir nachei-nander die Hände auf: fürsorglich, ermutigend, stärkend – sie segnen mich und begrüßen mich in ihrer Gemeinschaft. Sin-gend bittet der Bischof Gott um sein Wirken. Ich höre jedes Wort, bin ganz im Moment, denke an nichts sonst.

Seit meiner eigenen Weihe war ich bei jeder Priesterweihe in unserem Bistum dabei, und für die Segnung jedes neuen Priesters nehme ich mir Zeit, weil ich weiß, welche intensive Gemeinschaft dadurch entsteht.

Meine Weihe zog viel Aufmerksamkeit der Medien auf sich, denn ich war, soweit ich weiß, der erste blinde Katholik, der in Deutschland zum Priester geweiht wurde. In der *Bild*-Zeitung erschien ein Artikel, ebenso in den Kirchenzeitungen, und auch der Hessische Rundfunk war da. Thomas Leif, Journalist beim Südwestdeutschen Rundfunk, drehte ein halbes Jahr später einen Film über meine Arbeit, der unter dem Titel *Alltag eines blinden Priesters* lief. Einen anderen blinden Katholi-ken weihte man nach mir im Bistum Eichstätt.

Im Garten des Priesterseminars gab es nach dem Weihegot-tesdienst einen Empfang. So herrlich es war, Glückwünsche entgegenzunehmen, ich konnte es nicht erwarten, in meine Heimatgemeinde zu fahren, denn ich hatte mir etwas ausge-dacht, das es in unserem Dorf so noch nie gegeben hatte.

»Das Einzige, was ich mir zu meiner Weihe wünsche, sind Ku-chenspenden und dass ihr eure Häuser für meine Gäste öffnet«, hatte ich in meiner Weihnachtspredigt 1996 in meinem Hei-matort angekündigt. Ich wollte zu meinem Fest viele um mich haben, zu denen ich in Beziehung stand: blinde Bekannte von Jugendfreizeiten, die in Werkstätten arbeiteten, in Heimen leb-ten und die sonst nie jemand außerhalb ihrer Kreise eingeladen hat. Ein Bekannter aus Österreich – Analphabet mit Alkoholproblem – konnte nur kommen, weil er nichts bezahlen musste. »Den Armen das Evangelium verkünden« lautet das Motto von Bischof Franz Kamphaus, das er glaubwürdig lebt. Das sprach mich an. Die Liebe Gottes den Menschen in Tat und Wort zu verkünden, das ist der Sinn meines priesterlichen Lebens. »*Herr, lass sich freuen alle, die auf dich trauen*« (Psalm 5,12) wählte ich als Spruch. Den Glauben, den ich als Geschenk empfangen hatte, wollte ich in die Welt tragen. Die Befreiungstheologie leitete mich. Busse brachten Verwandte aus der Heimat meines Vaters; Freunde aus den Gemeinden, in denen ich gearbeitet hatte; Kolpingfreunde. Ich freute mich über die vielen aus den Vereinen und meiner Heimatpfarrei, besonders über die Kindergartenkinder und den Engelschor.

Mama fing schon Anfang 1997 an, mein Fest zu organisieren. Sie bestellte ein Zelt für 800 Personen. »Der ist größenwahnsinnig, das wird nie voll«, flüsterten die Nachbarn. Weil ich immer Schulen außerhalb besucht hatte, war ich nie so ins Dorf integriert gewesen wie meine Mutter. Die Leute konnten sich das nicht vorstellen. Mama verhandelte mit den Vereinen, die das Zelt aufbauten, und beauftragte die Malteser, am Samstagabend und Sonntagmittag für das Essen zu sorgen. Sie führte eine Übernachtungs- und eine Kuchen-Liste. Das ganze Dorf bezog Betten, Sofas und Luftmatratzen. Eine Familie nahm sieben Gäste bei sich auf.

Einige Kämpfe kostete mich die Organisation. Die Ehrenamtlichen aus den Vereinen schlugen vor, Spendendosen für die Renovierung des Pfarrheims an der Essensausgabe aufzustellen. Doch genau das wollte ich nicht. Ich wollte ein Fest, an dem keiner außer mir etwas bezahlen musste. Meine Gäste sollten echte Gäste sein. Ein anonymer Spender gab eine größere Summe für das Pfarrheim, damit war diese Diskussion vom Tisch.

Auf den Tischen unserer Allzweckhalle, vor der das Zelt für die Feier stand, reihten sich Schwarzwälder Kirschtorten an Erdbeer-, Marmor- und Nusskuchen. Es war ein trockener, warmer Sommertag. Die Gäste reisten aus Deutschland, Österreich und der Schweiz an. Die Dorfkirche war voll, sodass viele von draußen zuhören mussten.

»Der heutige 29. Juni 1997, meine Primiz, ist der erfüllteste Tag meines Lebens, auf den ich seit meiner Firmung hingearbeitet habe und an dem ich zum ersten Mal selbst der Eucharistiefeier vorstehen werde«, sagte ich von der Treppe meines Elternhauses aus zu meinen Gästen, bevor wir im Sonnenschein in einer Prozession zur Kirche zogen. »Ich bin froh und dankbar, dass man meiner Berufung geglaubt hat. Ich bin mir aber bewusst, dass das nur geschehen konnte, weil ich ein Mann bin. Für mich ist es eine klar erkennbare Sünde der katholischen Kirche, dass sie Gott nicht zutraut, Frauen ins Priesteramt zu berufen. Ich bete dafür, dass Frauen zu Priesterinnen geweiht werden können. Ich glaube an die Kraft des Gebetes.«

Ich sehe das nach wie vor als Sünde der Kirche, doch Sünde bedeutet kein Todesurteil. Ich selbst erkenne und bereue meine Sünden, und ich kann eine sündige Kirche lieben und mich ihr ganz hingeben. Die Kirche ist zugleich heilig und sündig – wie ich.

Mein Heimatpfarrer, der mein Vorbild auf dem Weg zum Priester war, hielt die Predigt: »Wir freuen uns alle, Stefan, dass du jetzt Priester bist. Dein wichtigster Tag ist der Tauftag, an dem du Christ geworden bist.«

Nach dem Gottesdienst sprach ich mit meinen Gästen.

»Für einen Primizsegen kann man sich die Schuhsohlen durchlaufen«, hieß es früher, weiß meine Mutter. Das will sagen, dass der Segen, den ein neu geweihter Priester gibt, als besonders wertvoll gilt. Tatsächlich kamen am Sonntagabend so viele von außerhalb zur Andacht, dass die Kirche rappelvoll war. Zwei Stunden lang segnete ich die Auswärtigen. Die Einheimischen sollten ihren Segen danach bekommen, hatten wir vereinbart. Ich nahm mir Zeit, jede und jeden nach dem Namen zu fragen, die Hände aufzulegen und ein persönliches Gebet zu sprechen.

Am Montag nach der Primiz predigte ich zum ersten Mal selbst, und zwar über Genesis 18 – die Fürbitte Abrahams für Sodom –, meine Lieblingsbibelstelle aus dem Alten Testament:

»*Der Herr sprach also: Das Klagegeschrei über Sodom und Gomorra, ja, das ist laut geworden, und ihre Sünde, ja, die ist schwer. Ich will hinabgehen und sehen, ob ihr Tun wirklich dem Klagegeschrei entspricht, das zu mir gedrungen ist [...] Abraham aber stand noch immer vor dem Herrn. Er trat näher und sagte: Willst du auch den Gerechten mit den Ruchlosen wegraffen? Vielleicht gibt es fünfzig Gerechte in der Stadt: Willst du auch sie wegraffen und nicht doch dem Ort vergeben wegen der fünfzig Gerechten dort? Das kannst du doch nicht tun, die Gerechten zusammen mit den Ruchlosen umbringen. Dann ginge es ja dem Gerechten genauso wie dem Ruchlosen [...] Da sprach der Herr: Wenn ich in Sodom, in der Stadt, fünfzig Gerechte finde, werde ich ihretwegen dem ganzen Ort vergeben.*« (Genesis 18,20–26)

Die Geschichte, wie Abraham mit Gott feilscht, hat mich schon als Kind fasziniert. Was nimmt Abraham sich da heraus? Will er Gott Vorschriften machen, wie er zu handeln hat? Wie lange lässt Gott sich das bieten? Wann reißt ihm der Geduldsfaden? Wann entlädt sich sein Zorn über Abraham, der ihn so keck herausfordert? Aber der allmächtige Gott weist Abraham nicht in seine Schranken. Er lässt sich auf den Handel ein. Was für mich das Entscheidende ist: Abrahams

Fürbitte für Sodom gibt mir eine befriedigende Antwort auf eine Grundfrage meines Mensch- und Christseins: Warum soll ich mich bemühen, gut zu sein? Was bringt es mir? Als gläubiger Christ habe ich nicht mehr Glück und Erfolg im Leben als einer, der nicht glaubt. Meine Familie und ich können genauso von Krankheit, Unglück und Tod betroffen werden. »Das kannst du doch nicht tun, die Gerechten zusammen mit den Ruchlosen umbringen. Dann ginge es ja dem Gerechten genauso wie dem Ruchlosen«, klagt Abraham Gott an. Den Guten muss es anders gehen als den Bösen. Offenkundig ist das in dieser Welt nicht der Fall.

Dann aber wenigstens nach dem Tod, denkt man sich. Die Guten kommen in den Himmel, die Bösen in die Hölle. Da stellt sich die Frage: Wie viel Gutes genau muss ich tun, um noch in den Himmel zu kommen? Reicht die Hälfte auch? Vielleicht sogar ein Viertel? Gott ist ja barmherzig. Wenn ich mich nun gar nicht so besonders bemühen muss, um in den Himmel zu kommen … soll ich mich dann überhaupt anstrengen?

Abraham feilscht weiter. »*Ich werde die Stadt um der zehn willen nicht vernichten*«, sagt Gott am Ende. (Genesis 18,32) Gott wird wegen der wenigen Gerechten der ganzen bösen Stadt vergeben und sie nicht vernichten. Das bedeutet: Das Gute, das ich tue, wird die Bösen vor dem Untergang, vor der Hölle, bewahren. Am Ende wird es den Ruchlosen genauso gehen wie den Gerechten – genauso gut. Sie kommen in den Himmel. Und das verdanken sie den Taten der Mitmenschen, die vor Gott für sie kämpfen. Die Fürbitte Abrahams für Sodom ist für mich die Motivation, mich um ein gutes und gerechtes Leben auf Erden zu bemühen. Die Güte und Gerechtigkeit weniger Menschen reichen Gott aus, um alle Bosheit und Schlechtigkeit in der Welt aufzuwiegen.

Meinen Vater hätte es glücklich gemacht, meine Priesterweihe mitzuerleben. Traurigkeit über seinen Tod empfinde ich nicht mehr. Ich danke Gott dafür, dass ich seine grenzenlose Liebe in der Liebe meines Vaters erfahren konnte. Alles hier auf Erden ist endlich. Der Tod begrenzt nicht nur das Leben, er begrenzt auch die Liebe. Als Christ hoffe ich darüber hinaus. Ich denke jeden Tag an meinen Vater. »Ich bin die Auferstehung und das Leben« und »Dein Leib war Gottes Tempel« ließen wir auf seinen Grabstein schreiben.

Gott ist die ewige Liebe. Ich begehe Sünden und Lieblosigkeiten: Es kommt vor, dass ich gereizt auf berechtigte Kritik reagiere; dass ich, anstatt aufmerksam zuzuhören, einen Anrufer abwürge; dass ich meinen Standpunkt mit übertriebener Heftigkeit vertrete, sodass sich die anderen nicht verstanden fühlen. Beim Beichten kann ich mir Vergebung zusprechen lassen. Die Liebe Gottes spornt mich an, alles zu tun, um ihm zu gefallen, wie ein Kind, das seine Eltern wiederlieben will. Jesus ist für alle Menschen gestorben. Er ist diesen Tod nicht umsonst gestorben. Wir haben zwar die Freiheit, uns zu verweigern, ich glaube aber, im Allerletzten wird sich jeder für die überwältigende Liebe Gottes entscheiden und in ihr aufgehen.

Drei Wünsche frei

Als Dorfpfarrer in Freud und Leid ganz nah bei den Menschen zu sein, das war mein Lebensziel, als ich mich für die Priesterweihe entschied. Dass ich heute so leben kann, ermöglicht mir Andreas, mein ehemaliger Studienkollege, mein Bruder im Geiste. Dafür bin ich ihm unendlich dankbar. Ich führe den Titel »Pfarrer«, leite aber keine Pfarrei, weil ich das für mich nicht sinnvoll finde, sondern bin »Kooperator«, priesterlicher Mitarbeiter. Er ist mein Vorgesetzter, unser Teamleiter. Ich kümmere mich um alle Bereiche der Seelsorge: dazu gehören Messen, Taufen, Hochzeiten, Beerdigungen, Glaubensgespräche, repräsentative Aufgaben, die Sambia-Partnerschaft, die Blindenseelsorge für den Bezirk Limburg und vieles mehr. Andreas weist mir meine Aufgaben zu. Als Priester haben wir die gleiche Qualifikation.

Als Andreas mir während des Studiums signalisiert hatte, er könne sich vorstellen, mit mir zusammen zu wohnen und zu arbeiten, ließen wir das den Bischof wissen. Der nahm es wohlwollend auf. Er war auch sonst sehr entgegenkommend. Ich sollte nach vier Jahren in Eltville – einem Jahr als Diakon und drei als Kaplan – wechseln. Ich bat Bischof Franz, noch bleiben zu können. Ich durfte um drei Jahre verlängern. Diese lange Zeit in Eltville war reich an positiven Erfahrungen für mich.

Im Jahr 2000 organisierte ich erstmals das Pfingstzeltlager der Eltviller Messdiener mit. Die Initiative ging von den jungen Leuten aus. Die bisherigen Organisatoren hatten aufgehört, und im Jahr zuvor war das Zelten ausgefallen. Wir leiteten es als Viererteam: Ralf, der 18 Jahre alt war, seine 16-jährige Schwester Anne, die 15-jährige Sabina und ich. Wir waren noch keine fünf Minuten auf dem Zeltplatz, da blutete das erste Kind. Sabina hatte einen Verbandskasten mitgenommen und klebte ein Pflaster auf das aufgeschlagene Knie. Die Situation war gerettet! Auf meine älteren Eltviller Messdiener konnte ich mich immer verlassen. Auch in Hadamar zelten wir jeden Sommer über ein Wochenende und nehmen uns Zeit füreinander, obwohl ich seit mehr als 15 Jahren dort weg bin. Ich finde es sagenhaft, dass aus meiner ehemaligen Eltviller Zeltgruppe nach wie vor einige Freunde – einer sogar aus Kiel, ein anderer aus München – extra für dieses Wochenende nach Hadamar kommen.

Eine weitere Aktion zeigte mir, wie richtig es ist, Jugendlichen Verantwortung zu übertragen. Eines schönen Sonntagnachmittags schellten die Jugendsprecherin und die Messdiener-Leiterin an der Pfarrhaustür, um mit mir zu reden. Sie hatten Kinder aus der Tschernobyl-Gegend bei einem Seminar ihres Freiwilligen Sozialen Jahres getroffen. Unbedingt wollten sie solchen belasteten Kindern einen Besuch in Eltville ermöglichen. »Ich unterstütze euch, aber das ist euer Projekt. Ich traue euch zu, dass ihr es hinbekommt«, ermutigte ich sie. Und sie bekamen es hin. Mit ihrer Begeisterung steckten sie andere Jugendliche und Erwachsene an, fanden Sponsoren und planten für 32 Kinder zwischen neun und zwölf Jahren mitsamt Direktorin und drei Lehrern die Reise nach Eltville und den vierwöchigen Aufenthalt. Die Suche nach Gastfamilien war so erfolgreich gewesen, dass wir viel mehr Kinder einladen konnten, als ursprünglich geplant war. Die Verständigung in den Familien klappte mit Händen und Füßen. Schnell knüpften die deutschen und die russischen Kinder Kontakt und konnten sich gut miteinander beschäftigen. Ausflüge in den Zoo, nach Rüdesheim, zum Flughafen, eine Boots- und eine Kutschenfahrt, ein Besuch bei der Feuerwehr und viele andere Unternehmungen schenkten große Freude. Der Tag im Wald mit dem Förster, wo die Kinder Natur mit allen Sinnen erleben konnten, war etwas ganz Besonderes. Ich war so beeindruckt von der Tschernobyl-Aktion, die die Jugendlichen weitgehend selbst organisiert hatten, dass ich im Herbst 2002 mein Pfarrexamen über dieses Projekt schrieb.

2003 musste ich Abschied nehmen von meinen Eltvillern, denn ich zog mit Andreas an unseren neuen Einsatzort: nach Meudt in den Oberwesterwald. Da ich meist zu Fuß unterwegs

bin und gerne rede, fand ich schnell Kontakt zu den Gemeinde-
mitgliedern. Ein Ereignis in den Herbstferien werde ich nie
vergessen: Am 13. Oktober, meinem Geburtstag, klingelte es
vormittags in Meudt an der Pfarrhaustür. Es waren aber keine
Gratulanten, sondern zwei Jungs, die von meinem Geburtstag
keine Ahnung hatten: der achtjährige Marvin und sein zehn-
jähriger Bruder Jan. Sie waren von zu Hause mit ihrem Hund
gut drei Kilometer durch den Wald nach Meudt gelaufen und
standen nun vor mir. Als ich fragte, was sie denn wünschten,
sagte Marvin, dass er getauft werden wolle.

Diese Bitte hatte eine Vorgeschichte: Marvin war mit zwei
Jahren zu seiner Pflegefamilie gekommen. Die Pflegemutter
engagierte sich als Lektorin und Katechetin für Erstkommunion und Firmung. Die Familie ging regelmäßig sonntags in die
Kirche. Die Eltern hatten auch einen leiblichen Sohn, Jan, der
als Messdiener aktiv war und zwei Jahre vor dem Besuch die
heilige Erstkommunion empfangen hatte.

Mittlerweile war Marvin in der dritten Klasse. Nun standen
seine Erstkommunion an und die Vorbereitung darauf, für die
die Taufe Voraussetzung ist. Aber er war nicht getauft. Die leib-
liche Mutter hatte sich immer geweigert, seiner Taufe zuzustim-
men. Die Religion zu bestimmen war das einzige Recht, das ihr
noch geblieben war. Und so verweigerte sie die Taufe.

Die Pflegemutter sprach mit mir. Das Jugendamt argumen-
tierte, Marvin könne sich ja mit 14 Jahren selbst für die Taufe
entscheiden. Aber das löste nicht das Problem mit der Erstkommunion, die er nur als Getaufter besuchen konnte. Die
Sorge der Pflegemutter war, ob er in zwei, drei Jahren noch mit
in den Gottesdienst käme, wenn er nur ein Kreuzzeichen statt
der heiligen Kommunion empfangen könne.

»Wenn Marvin zu mir kommt und um die Taufe bittet, werde ich sie ihm nicht verweigern«, signalisierte ich der Mutter.

Sie gab das an Marvin weiter und erklärte ihm, dass sie ihn weder zu mir begleiten noch ihn zu mir schicken dürfe. Wenn er getauft werden wolle, müsse er das selber regeln.

So standen die Jungs an diesem Tag also vor mir. Ich ging mit den beiden Brüdern in die Kirche zum Taufbecken. Ich fragte Marvin, ob er Nein sage zum Bösen, ob er an Gott, unseren guten Vater im Himmel, glaube, der die Welt erschaffen hat, an seinen Sohn Jesus Christus, den Maria geboren hat, der am Kreuz gestorben und von den Toten auferstanden ist, und an den Heiligen Geist, der in der Kirche wirkt, der die Sünden vergibt und auch uns einmal wieder lebendig macht, wenn wir auf der Erde gestorben sind. Marvin bestätigte dies alles, und ich taufte ihn. Später bat ich die Pfarrsekretärin, die Taufe ins Buch einzutragen und Jan als Taufzeugen zu vermerken.

Am Abend nach der Taufe rief mich die Pflegemutter an. Sie war am Vormittag unterwegs gewesen. Marvin hatte ihr anschließend vom Ausflug nach Meudt und von der Taufe erzählt. Sie musste es dem Amt melden.

Einige Tage später bekam ich einen Anruf vom Jugendamt, wie ich dazu käme, Marvin zu taufen. Ich wüsste doch, dass ich nicht das Recht dazu gehabt hätte. Ich erklärte, dass das eine besondere Situation gewesen sei, von der ich mir nicht vorstellen könne, dass sie sich noch einmal wiederholen würde. Ich könne in diesem speziellen Fall mein Verhalten vor Gott und meinem Gewissen verantworten und sei bereit, die Folgen zu tragen. Einen Bußgeldbescheid habe ich nie bekommen. Ich nahm es auf meine Kappe.

Andreas erzählte ich erst danach davon. Wir leben und arbeiten in gutem Einvernehmen zusammen. Natürlich sind wir auch einmal unterschiedlicher Meinung. Aber Andreas lässt mir Freiheit, akzeptiert meinen Stil und nimmt Rücksicht auf meine Grenzen.

Der Unterschied zwischen Sehenden und Nichtsehenden wird immer größer, das Visuelle nimmt vor allem durch die Digitalisierung zu – auch in der Gemeinde. Früher waren bei einer Predigt für Kinder einfache Sprache und Dialog wichtig, heute ist Multimedia angesagt. Was ich am Computer kann, hat Christof mir beigebracht. Ich müsste eigentlich eine Auszeit nehmen und einen Computerkurs machen, aber dafür arbeite ich zu gern.

In unserem siebten Jahr in Meudt – mitten in den Vorbereitungen für die Feier des hundertsten Jubiläums der Pfarrkirche – ordnete der Nachfolger von Bischof Kamphaus an, dass Andreas und ich nach Hadamar wechseln sollen. Am 1. Februar sollten wir anfangen. Wir wollten das verschieben, um mit der Gemeinde feiern zu können, aber der Bischof ging nicht darauf ein. Ich finde Treue in Beziehungen wichtig und wäre deshalb gerne für die Jubiläumsfeier noch in Meudt geblieben. Andererseits hat ein Pfarrerwechsel auch positive Seiten: Die Gläubigen bekommen eine andere Perspektive.

Andreas und ich fügten uns dem Willen des Bischofs.

Für zwei Monate lebten wir noch in Meudt, arbeiteten aber bereits in Hadamar. Diese zwei Monate waren die schwierigsten meines bisherigen Priesterlebens. Ich war vollkommen abhängig: Von Meudt nach Hadamar zu fahren dauert mit dem Auto 20 Minuten, mit öffentlichen Verkehrsmitteln an die drei Stunden. Manchmal konnte ich mit Andreas fahren und wartete dann, bis er fertig war. Ansonsten musste ich mich zu jedem Gottesdienst, zu jedem Taufgespräch, zu jeder Beerdigung abholen und wieder zurückbringen lassen. Ich kannte mich in Hadamar nicht aus, weil ich dort noch nicht gewohnt hatte. Es war schrecklich.

In Meudt war ich nicht mehr zuständig, und der Nachfolger war schon da. Trotzdem besuchte ich weiter Leute aus der

Gemeinde. Ich konnte nicht in der Stube hocken bleiben. Geburtstagsbesuche in der neuen Gemeinde holte ich nach, sobald wir dort wohnten.

Der Umzug von Meudt nach Hadamar war für Mai 2011 geplant. Nach dem Osterfest, etwa eine Woche vor dem geplanten Umzug, hatte ich einige Tage frei und fuhr wie meistens in diesem Fall zu meiner Familie in meinen Heimatort. Als ich weg war, rief der Unternehmer, der unsere Sachen einpacken und transportieren sollte, Andreas an und fragte, ob der Umzug jetzt schon möglich wäre. Der sagte Ja. Wahrscheinlich dachte er, je früher wir dort wohnen, wo wir arbeiten, desto besser, besonders für mich. Und so kam es, dass meine Sachen eingepackt und ins Pfarrhaus nach Hadamar gebracht wurden, ohne dass ich dabei war. Das hat mich geärgert. Ich weiß, dass ich viel Hilfe brauche, aber auch wenn es umständlich ist, will ich bestimmte Dinge selber machen. Ich konnte Andreas natürlich verstehen: All das Packen und Tragen ging viel schneller ohne mich. Auch habe ich Vertrauen in seine Entscheidungen. Aber in dieser Situation fühlte ich mich übergangen. Es ist für andere nicht einfach, zu wissen, wo die Grenze ist. Ich habe ihm verziehen, so wie er mir verzeiht.

Der Jüngste aus unserem Weihekurs, Martin, kam mit uns nach Hadamar. Wir hatten gegenüber der Bistumsleitung einmal geäußert, dass wir uns vorstellen könnten, zu dritt in einer Pfarrei zu arbeiten, und das wurde auch zügig umgesetzt. Martin war der Kirchenkritischste, aber auch der Spirituellste von uns dreien. Er rief das »Geistliche Hadamar« ins Leben. Bis heute treffen sich unterschiedliche Kreise während der Woche, um in verschiedenen Formen gemeinsam zu beten. Im Februar 2015 starb er an Krebs.

Wir leben im Pfarrhaus in Hadamar ein Stück weit wie eine Familie: Morgens um Viertel nach sieben sitzen wir auf der Bank in einer Nische im Flur und beten in der Hausgemeinschaft das Morgenlob, während die ersten Sonnenstrahlen hereinfallen. Danach frühstücken wir. Wenn es sich einrichten lässt, essen wir gemeinsam zu Mittag.

Manchmal haben wir Gäste: Ein Pater aus Indien lebte eine Weile bei uns und wohnt nun in einer eigenen Wohnung. Er arbeitet in der Pfarrei mit.

Andreas liest mir jeden Morgen aus der Zeitung vor. Vor Kurzem war ein Artikel über meine Arbeit dabei. Am meisten freute ich mich, dass *Die Tagespost* dazu das Foto mit den Firmlingen abgedruckt hat, deren Familien sicher sehr stolz sind.

Drei Wünsche frei

Stefan Müller ist Priester. Obwohl er nicht sehen kann, arbeitet er in seinem Traumberuf. Der 50-Jährige ist Pfarrer im pastoralen Raum Hadamar in Mittelhessen. Auf diesen Beruf, den er als Dienst am Menschen versteht und mit allen seinen Sinnen genießt, hat er sich lange vorbereitet. Die Gläubigen in seinem Pfarrverbund sagen, er sei ein »echter Seelsorger«. Dass er nicht sehen kann, stört sie nicht, dass er die Töne beim Singen nicht immer trifft, schon eher. Doch auch darüber sehen sie hinweg, denn sie lieben ihn.

Eine eben verfasste E-Mail lässt sich Pfarrer Müller vom Computer noch einmal vorlesen, verschickt sie und ist dann ganz präsent. In der Schrankwand in seinem Büro steht die Bibel in Blindenschrift. Die vielen Bücher nehmen das hohe Regal, das bis zum Fenster geht, fast völlig ein. Nebenan gibt es gleich Mittagessen, und er nimmt seinen Gast mit ins geräumige, helle Wohnzimmer. Die Haushälterin trägt eine Auflaufform mit überbackenen Kartoffeln, Lauch und Hähnchenbrustfilet herein und stellt sie mitten auf den Eichentisch.

»Wenn die berühmte Fee käme und ich drei Wünsche frei hätte«, sagt Müller, »dann würde ich mir wünschen, gut Englisch sprechen und gut singen zu können.« Wie kann man Pfarrer werden, wenn man nicht gut singen kann, fragt man sich. »Es geht!«, lacht Pfarrer Andreas Fuchs, priesterlicher Leiter im pastoralen Raum Hadamar, der mit am Tisch sitzt. »Man wird Priester, um mit Menschen zu tun zu haben. Es war mir immer klar, dass ich nicht alleine leben wollte. So hat man ein Korrektiv«, erklärt Pfarrer Fuchs. Auch für Pfarrer Müller hat die Zusammenarbeit nur Vorteile. Vorher waren die beiden Priester in Meudt tätig. Seit fünf Jahren sind sie in Hadamar. Aus Meudt haben sie ihre Haushälterin »mitgebracht«.

»Wenn man mit Pfarrer Müller spricht, kommt viel rüber, weil er sich nur auf das Gespräch konzentriert«, lobt sie. »In der Seelsorge kann es ein Vorteil sein, nicht sehen zu können«, räumt Pfarrer Müller ein, »es ist zwar eine Behinderung, aber man kann daraus eine Tugend machen, wenn man nutzt, was es an Chancen bietet.«

Die Glocken der Barockkirche St. Peter läuten die Maiandacht ein. Der Küster hilft Pfarrer Müller in der Sakristei, sich für den Gottesdienst umzuziehen. Viele Bänke sind gefüllt, und die Gläubigen singen traditionelle Marienlieder. Stefan Müllers Finger gleiten über das Andachtsbuch in Blindenschrift, während er daraus vorliest. »Ich bekomme vom Pfarrer jeden Freiraum der Welt«, schwärmt die Leiterin des Seniorenkreises. »Diesen Pfarrer muss man lieben. Er ist beim Erzählcafé immer dabei. Die älteren Leute schätzen es, dass er sich Zeit für sie nimmt.«

Pfarrer Müller klinkt sich am Ellenbogen seiner Begleiterin ein. Im Pfarrsaal duftet es nach Kaffee. Stefan Müller trinkt eine Tasse und lässt sich Erdbeerkuchen auf den Teller geben. Den Käsekuchen probiert er auch. Dann steht er auf, tastet sich von

Tisch zu Tisch, spricht viele gleich mit Namen an, beugt sich hinunter und hält beim Zuhören die Hand.

»Pfarrer Müller ist ein feiner Mensch«, sagt eine Seniorin. »Er hat meinen Mann oft besucht, bis er gestorben ist. Ich fahre den Pfarrer manchmal, obwohl ich schon 85 Jahre alt bin.« Einige Besucher haben zu Hause niemanden, mit dem sie reden können, deshalb ist es ihnen wichtig, sich im Erzählcafé auszutauschen. Als Stefan Müller neu gewesen sei in der Gemeinde, habe er sich gleich bei ihr angemeldet, erzählt die frühere Küsterin. Er besuche seine Gemeindemitglieder regelmäßig und gehe häufig zu Fuß zwischen den Orten. Bei Hochwasser sei er auch schon einmal mit nassen Schuhen angekommen und, wenn Dornen über den Weg wuchsen, mit zerkratztem Gesicht. Hin und wieder fährt ihr Sohn die Strecke mit dem Rad ab und schneidet alles zurück, was in den Weg wächst. Wenn Stefan nicht weiterweiß, schellt er an einer Haustüre und fragt. Die meisten kennen ihn, denn er ist Mitglied in der Feuerwehr, im Verschönerungs-, Gesangs- und Kapellenverein. Stefan Müller geht, als die Ersten nach Hause wollen, die Treppe hinunter zum Ausgang und gibt allen zum Abschied die Hand.

Der Firm-Unterricht im Nachbarort ist sein nächstes Ziel. Die Firmlinge warten vor dem Gemeindehaus. Sie sagen ihren Namen und begrüßen ihn mit Handschlag. Es geht in dieser Firm-Stunde um Buße und Vergebung. Das Gleichnis vom verlorenen Sohn lesen sie reihum, jeder einen Satz oder zwei. Ob sie die Reaktion des Vaters, der seinen Sohn wieder aufnimmt, obwohl der sein Erbe verschleudert hat, verstehen, will Stefan Müller von den Jugendlichen wissen. Bisher haben sie sich am Unterricht beteiligt, doch nun herrscht Stille. »Eher ja oder eher nein?«, hakt Pfarrer Müller nach. »Sagt was, euer Gesicht kann ich nicht sehen.« Er gibt den jungen Leuten noch etwas Zeit zum Nachdenken, bis einige sich schließlich doch äußern.

Die Türe bleibt offen, denn es könnte noch jemand kommen. Kurz vor Schluss stößt noch ein Jugendlicher zur Gruppe, obwohl er entschuldigt war. »Das finde ich enorm«, lobt Pfarrer Müller. Er ruft Firmlinge an, die unentschuldigt wegbleiben. »Ihr seid mir nicht egal. Ich nehme euch ernst«, signalisiert er ihnen. Einschränkungen in ihren gemeinsamen Aktivitäten, weil ihr Kursleiter blind ist, empfinden die Firmlinge nicht. Sie sind freiwillig hier und konnten sich wünschen, mit wem sie sich vorbereiten wollen. Warum sie sich für Pfarrer Müller entschieden haben? »Weil ich ihn kenne und er ein netter Kerl ist«, verrät ein 17-Jähriger. Zügig wandert Müller los zur nächsten Firm-Stunde.

Er habe ganz große Möglichkeiten, glücklich zu sein, sagt er, denn er könne einen normalen Beruf ausüben, lebe in Frieden und Freiheit und erlebe viel Schönes. Wenn die Fee noch einmal käme und ihn fragte, wie sein dritter Wunsch lautet, was würde er wohl sagen? [9]

Die Hadamarer nahmen mich von Anfang an freundlich auf, und ich war umgekehrt auch offen für die Gemeinde. Als guter Seelsorger muss man zu den eigenen Gefühlen stehen, darf sich aber nicht von ihnen leiten lassen. Nach dem Einführungsgottesdienst kamen die Ersten auf mich zu, Senioren luden mich zum Erzählcafé ein, es entwickelten sich Verbindungen. Bei Vorgesprächen zu Taufen, Hochzeiten und Beerdigungen lernte ich die Familien kennen. Ich besuchte Dorffeste und Konzerte, meldete mich bei Vereinen und bei der Kolpingfamilie an. Bald erkannten die Leute mich, wenn ich zu Fuß unterwegs war, und sprachen mich an.

Sie schätzen inzwischen meine Zuverlässigkeit. Kürzlich habe ich erst versprechen müssen, ihnen nie mehr so einen Schrecken einzujagen wie vor ein paar Jahren, kurz nach Beginn meines Dienstes hier.

Auf dem Weg zum Seniorengottesdienst war ich in Eile gewesen und hatte mich an einem Baum angestoßen. Meine Stirn blutete nicht, aber die Beule pochte. Heiß war mir auch. Ich habe nicht mitgesungen, weil ich mich komisch gefühlt habe. Der Gottesdienst ging seinem Höhepunkt entgegen:

»Lasset uns danken dem Herrn, unserm Gott«, betete ich.

»Das ist würdig und recht«, erwiderte die Gemeinde.

»In Wahrheit ist es würdig und recht, dir, Herr, heiliger Vater ...«

Als ich wieder aufwachte, beugte sich ein Arzt über mich und prüfte meinen Blutdruck. Der Küster gab mir eine Wasserflasche, aus der ich einige Schlucke nahm. Dann konnte ich mich aufsetzen. Es war mucksmäuschenstill in der Kirche. Sicher guckten mich alle an. Ich versuchte zu grinsen, damit sie wussten, dass es mir nicht so schlecht ging. Ich kann nicht mitten in einer Messe aufhören, denn ich führe einen Dienst für die Gemeinde aus. Ich merkte, wie meine Kraft zurückkam. Ich schaffe das jetzt, entschied ich. »In Wahrheit ist es würdig und recht, dir, Herr, heiliger Vater, allmächtiger, ewiger Gott, immer und überall zu danken ...«, nahm ich den Faden wieder auf. Im Hochgebet ist die Konzentration ganz bei Gott. Da darf nichts anderes wichtig sein. So feierte ich den Gottesdienst zu Ende.

Der Arzt untersuchte mich anschließend ausführlich. Ich hatte nur eine Gehirnerschütterung. Es ging nicht um Leben und Tod.

Kleidung nehme ich nicht so wichtig. Das erschwert Menschen, die großen Wert auf Äußeres legen, den Kontakt zu mir. Unsere Haushälterin sortiert ab und zu Kleidungsstücke aus. Ein Hemd aus Afrika habe ich aus der Altkleidertüte gerettet. Meine bunte afrikanische Anstecknadel trage ich auch zu Festen in der Gemeinde. Ob das ein Faschingsorden sei, bin ich schon gefragt worden. Trotzdem blende ich das Äußere nicht aus. Wenn ich repräsentiere, ziehe ich einen Anzug an.

Bei meinen Wanderungen zwischen den Kirchengemeinden trage ich wetterfeste Kleidung. Ich bin gern in der Natur. Wenn ich mit ehemaligen Studienkollegen Ausflüge unternehme, ist Christof dabei. Er hat die wesentlich bessere Orientierung – wie unser Vater. Mit ihm fühle ich mich sicher.

Stefan liest bei einer Andacht aus einem Buch in Blindenschrift

Wenn jeder gibt

Ich wurde gefragt, im Juli in Osttirol einen Berggottesdienst in fast 3000 Meter Höhe zu halten. »Ja, wenn ich meinen Bruder mitbringen kann«, sagte ich zu. Mit dem Bus fuhren wir bis zur Speikbodenhütte, wanderten über Wiesen, auf denen Kuhglocken läuteten, durch Mulden, über einen breiten Felsenkamm bis zum Gipfelplateau, auf dem ein Holzkreuz steht.

Ich hatte einen Rucksack dabei mit Gegenständen, die wir für den Gottesdienst brauchten; auch der Mesner aus dem Dorf war bepackt.

Sehr viele Menschen aus dem Tal waren auf den Berg gewandert, um diesen besonderen Gottesdienst mitzufeiern. Die Bergsteiger versammelten sich um das Kreuz, die Almbläser fingen an zu spielen, der Klang der Alphörner und Klarinetten tönte ins Tal. Wir legten alles, was wir für den Gottesdienst brauchten, auf ein Tuch. Da fragte der Mesner mich: »Wo sind denn die Hostien für die Eucharistiefeier?«

»Wollten Sie die nicht mitbringen?«, fragte ich zurück. Keiner von uns hatte Hostien dabei.

Da kamen mir Verse aus dem Evangelium des Tages – Johannes 6,5–13 – in den Sinn: »*Als Jesus aufblickte und sah, dass so viele Menschen zu ihm kamen, fragte er Philippus: Wo sollen wir Brot kaufen, damit diese Leute zu essen haben? Das sagte er aber nur, um ihn auf die Probe zu stellen; denn er selbst wusste, was er tun wollte. Philippus antwortete ihm: Brot für zweihundert Denare reicht nicht aus, wenn jeder von ihnen auch nur ein kleines Stück bekommen soll. Einer seiner Jünger, Andreas, der Bruder des Simon Petrus, sagte zu ihm: Hier ist ein kleiner Junge, der hat fünf Gerstenbrote und zwei Fische; doch was ist das für so viele! Jesus sagte: Lasst die Leute sich setzen! Es gab dort*

nämlich viel Gras. Da setzten sie sich; es waren etwa fünftau-
send Männer.«

Mir war klar, was ich tun musste: Ich fragte meine Gipfelge-
meinde, ob sie ungeschmiertes, unbelegtes Brot für die Mit-
tagsmahlzeit dabei hätte, das sie für die Eucharistie spenden
könnte. Das hatten sie und brachten ihr Brot nach vorne.

»Dann nahm Jesus die Brote, sprach das Dankgebet und teilte
an die Leute aus, so viel sie wollten; ebenso machte er es mit den
Fischen.«

Wir hatten am Ende tatsächlich genug, sodass alle ein
Stückchen bekamen. Ein Korb voll blieb übrig. Das geweihte
Brot ist der Leib Christi, man wirft es nicht weg. Ich bat die
Leute, noch einmal nach vorne zu kommen, und teilte das
restliche Brot aus.

Es waren nicht 5 000, sondern 500 Menschen. Keine zwölf
Körbe waren übrig, sondern nur einer. Aber so stelle ich mir
vor, dass es auch damals am See Genezareth war, dass Jesus
das Teilen vormachte und alle mitmachten, wie in dem Lied:
»Wenn jeder gibt, was er hat, dann werden alle satt«[10].

Sambia

Ich bin so dankbar, dass ich mein Leben und meine Freude
mit anderen teilen kann – bis nach Afrika.

Der Kontinent und seine Menschen liegen mir bis heute am
Herzen. Dazu beigetragen hat meine erste Afrikareise 2006
nach Kamerun, die zu einem Schlüsselerlebnis für mich wurde. Der Limburger Referatsleiter Weltkirche lud mich damals
ein, zur Weihe von Bischof George Nkuo nach Kumbo mitzukommen. »Ich sehe nicht richtig, und ich verstehe vieles nicht,
weil ich nicht so gut Englisch kann.« Mit dieser Begründung

wollte ich damals schon absagen. Ich wollte vermeiden, dass einer aus der Reisegruppe dafür abgestellt würde, mir zu helfen, und ich für ihn, aber auch für die ganze Reisegruppe ein Bremsklotz wäre. Auf der anderen Seite würden wir nur eine Woche dort sein. »Das kriegst du schon irgendwie rum«, dachte ich schließlich und sagte zu. Und dann wurde es eine tolle Erfahrung. Ich war voll in die Gemeinschaft integriert. Niemand wurde abgestellt, sondern alle kümmerten sich gemeinsam um mich.

Meine Verbundenheit mit dem afrikanischen Kontinent fand ihre Fortsetzung, als wir nach Hadamar kamen. Dort gab es schon viele Jahre einen Sambia-Kreis. Neue Besen kehren bekanntlich gut, deshalb sollten Andreas, Martin und ich in die Glut pusten, um das Feuer wieder zum Brennen zu bringen. Das Bistum Limburg regte daher an, dass einer von uns dreien nach Sambia fliegen sollte. Martin war krank und hatte das geringste Interesse. Andreas verzichtete zu meinen Gunsten. So macht er es oft, wenn er glaubt, dass eine Aktivität mich fördert. Das finde ich enorm. Dankbar nahm ich an.

Als Gemeindevertreter flog ich mit dem Leiter der Abteilung Weltkirche und der Verantwortlichen für internationale Freiwilligendienste 2011 nach Sambia. Dort handelten wir aus, dass von nun an regelmäßig Jugendliche aus Sambia ins Bistum Limburg kommen sollten und umgekehrt. So wichtig Geldspenden sind, nur echte Begegnungen halten die Partnerschaft lebendig. Weil ich zusagte, dass wir sofort Freiwillige aufnehmen würden, blühte das Engagement neu auf. Ich konnte den Sambia-Kreis in Hadamar auch dadurch wiederbeleben und erweitern, dass ich die anderen Ortsteile im pastoralen Raum mit in diese Arbeit hineinnahm.

2012 waren die »Ndola Beats«, eine sambische Band, eine Woche bei uns. Bei ihren Konzerten und den lebendigen

Gottesdiensten, die wir zusammen feierten, sprang der Funke der Begeisterung, der von ihnen ausging, aufs Publikum über. In Afrika ist ein Gottesdienstbesuch Freude, nicht Pflicht.

Bei einem der Austauschbesuche geschah etwas Unfassbares: Jennifer war für ein Jahr als sambische Freiwillige nach Deutschland gekommen. Ihr Aufenthalt ging bereits auf sein Ende zu. Vor ihrer Heimreise wollte sie unbedingt noch das Meer sehen. Die Leiterin des Kindergartens, in dem sie gearbeitet hatte, machte daher mit ihr einen Ausflug nach Holland: zuerst nach Amsterdam, dann nach Zandvoort an die Nordsee, um ihr diesen Herzenswunsch zu erfüllen. Weil Jennifer nicht schwimmen konnte, badeten sie nur im flachen Wasser. Die Rückfahrt war für den Abend geplant. Nun würde sie sich verabschieden müssen vom Wind und den Wellen. Noch ein letztes Mal wollte Jennifer ins Meer. Sie ging allein und watete bis zur Hüfte ins Wasser. Jennifer schaute zum Horizont, als ein Strudel den Sand unter ihren Füßen fortspülte. Sie sackte weg, tauchte unter, und der Sog riss sie mit. Ein Mann sprang hinein und versuchte noch, sie zu packen, doch sie klammerte sich an ihm fest und zog ihn ebenfalls unter Wasser. Er verlor sie.

Zwei Tage später fand man ihren Leichnam am Strand von Zandvoort.

Worte können nicht beschreiben, wie bestürzt wir waren. Ich befand mich mit meinem Bruder auf der Heimreise von Banneux, als ich davon erfuhr. Man holte mich aus der Reisegruppe und brachte mich direkt nach Hadamar. Am Sonntagnachmittag feierten wir in der Limburger Jugendkirche Abschied von Jennifer. Ihre Gastmutter und -schwester begleiteten den Sarg in ihre Heimat und waren bei der Beerdigung dabei. In der Kirche von Zandvoort hing für ein Jahr eine Tafel mit Jennifers Namen und einem Kreuz.

Die Freiwilligenaustausch-Organisation lud Jennifers Familie am Ende des Jahres nach Deutschland ein. Sie besuchten viele Orte, an denen Jennifer gewesen war, sprachen mit Freunden und fuhren nach Zandvoort, wo man ihnen die Gedenktafel übergab. Ein Musiker aus dem Ort hatte ein Lied über das junge Mädchen und sein Unglück geschrieben und gab ihnen eine CD mit.

Wir werden Jennifers Familie bei unserer diesjährigen Sambia-Reise besuchen. Ich freue mich, dass mein Bruder dabei sein wird. Dann kann ich ihm in diesen 17 Tagen auf Deutsch erzählen, was mich bewegt. Wir sind uns im Denken sehr nah, weil wir wie Zwillinge aufgewachsen sind.

Ich wünsche mir, mit Christof zusammen alt zu werden. Er ist der Mensch, der mich mein Leben lang begleitet hat.

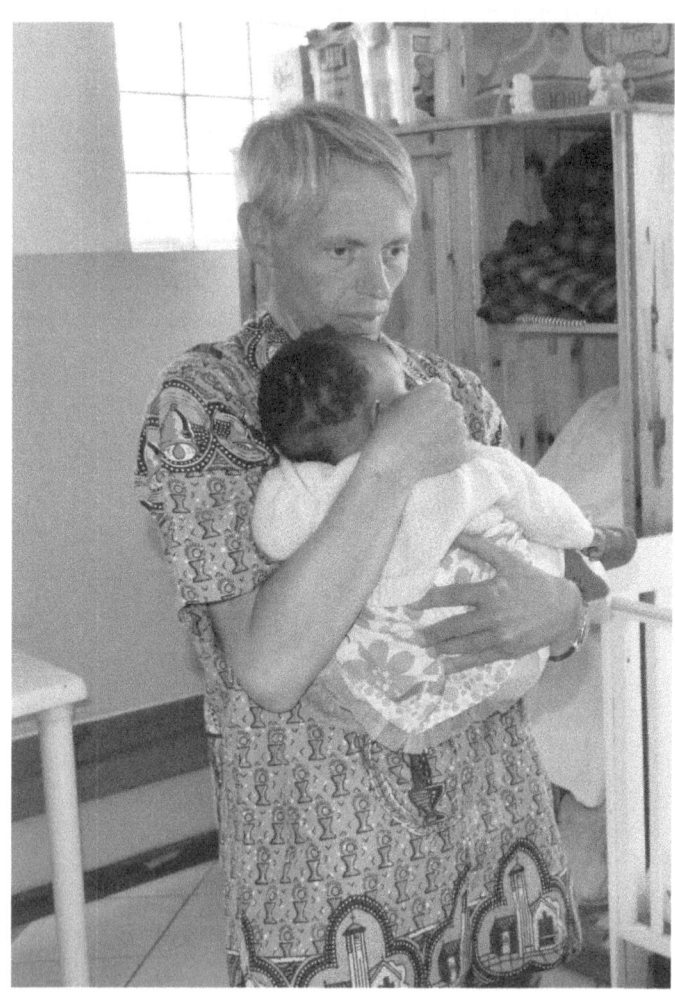
Stefan im St. Anthony's Home in Ndola

CHRISTOF

Apfelkuchen und Pflastersteine

Ich erinnere mich an den ersten Urlaub mit meiner Familie in einem Blindenerholungsheim in Timmendorfer Strand, als ich vier Jahre alt war. Oma begleitete uns. Wir gingen am langen Ostseestrand spazieren. Einmal fuhren wir mit einem Segelboot hinaus. Es schaukelte. Die Schaumkronen der Wellen beeindruckten mich. Spannend war es auch, in den Doppelstockbussen nach oben zu steigen und sich mit Stefan die Welt aus einem anderen Blickwinkel anzugucken.

Wir waren eine traditionelle Familie. Mein Vater war der Chef im Haus. Meine Mutter gab ihre Arbeit auf, als ich geboren wurde, obwohl sie als Stenotypistin mehr verdiente als mein Vater, der Korbmacher gelernt hatte und als Hilfsarbeiter angestellt war. Mit vollen Händen konnten wir das Geld nie ausgeben, Not litten wir aber auch nicht. Meine Mutter hielt die Fäden in der Hand. Trotzdem konnte sie sich zurücknehmen und andere einbinden. Mein Vater engagierte sich bald politisch. Zuerst war sie nicht begeistert, auf der anderen Seite freute sie sich, dass er sich im Ort integrierte.

Zu Stefans Einschulungsuntersuchung 1973 nahm Mama mich mit. Obwohl ein Jahr jünger, war ich forscher als mein älterer Bruder und antwortete schneller. Deshalb entschieden meine Eltern mit dem Schularzt, dass Stefan und ich zusammen eingeschult wurden, in einer Schule für Sehbehinderte in

Frankfurt. Betragen, Fleiß, Ordnung, Aufmerksamkeit und Religion – im ersten Zeugnis gab es genau fünf Noten. Stefan und ich hatten beide fünf Einsen. In der Grund- und Realschulzeit war ich der Zweitbeste hinter Stefan.

Schon in der zweiten Klasse brauchte ich ein Lesegerät. Nach der vierten sollte ich in die Blindenschule mit Internat in Friedberg wechseln, weil ich selbst für eine Sehbehinderten-Einrichtung zu wenig sah, doch Stefan unterstützte mich, und so konnte ich bleiben. Wir gingen erst nach dem siebten Realschuljahr nach Marburg auf das Gymnasium für Blinde.

Ein wichtiger Erziehungsgrundsatz meiner Mutter lautete, ihre Söhne gleichzubehandeln, und darum bemühte sie sich ernsthaft und erfolgreich. Punktuell spürte ich jedoch, dass ich der Jüngere war. Mein Vater stammte aus einer konservativen Familie. Er war der Älteste, und deshalb hatte er gegenüber seinen jüngeren Geschwistern viele Freiheiten gehabt - einfach, weil er der Älteste war. So war das damals. Von meinem Vater fühlte ich mich nicht in allem ernst genommen. Er diskutierte eher mit Stefan; ich sollte dabei den Mund halten. Stefan durfte ihm auch die Hefte für den Theologiekurs vorlesen, weil er besser sah als ich. Meine Aufgabe war es, sonntags nach dem Mittagessen in der Küche Geschirr abzutrocknen. Jeder nach seinen Fähigkeiten, könnte man sagen, aber ich empfand es so, dass Stefan in gewissen Situationen mehr Rechte hatte als ich. Ich nahm es hin, denn er war und ist mein bester Freund.

Dass ich meinen Eltern wichtig war, wusste ich immer. An ihrer Liebe habe ich nie gezweifelt. 1985 verzichtete mein Vater zum Beispiel auf einer Bergwoche in der Schweiz zu meinen Gunsten auf eine Gipfelbesteigung, weil zu wenige sehende Begleitpersonen gekommen waren. Später tat mir das leid, weil es seine letzte Chance gewesen wäre, diesen Gipfel zu erklimmen. Ich konnte es noch zweimal.

Oma und Opa wohnten mit uns im Haus. Bis zu ihrem Tod 1991 putzte Oma als Sehende alle Fenster, denn bei Fenstern fällt es besonders auf, wenn ein Teil glänzt, andere Stellen aber noch schmutzig sind. Schwere Arbeiten wie Gardinen aufhängen oder den Garten umgraben konnten meine Großeltern nicht mehr erledigen. Das konnte dafür meine Mutter.

Mama besuchte Kurse in Hauskrankenpflege und Erster Hilfe, damit sie ihren Vater versorgen konnte, als der bettlägerig wurde. Die Pflege war schwere Arbeit: Beim Aufstehen legte Opa seine Arme um Mamas Hals, und sie zog ihn vom Bett hoch. Oma war viel kleiner als Mama und hätte das nicht geschafft.

Oma war immer gerne raus in die Natur gegangen. Als sie im Alter nicht mehr weit gehen konnte, haben meine Mutter und ich sie getragen: Mit unseren Händen und Armen machten wir ein Stühlchen für sie. Ich packte mit der rechten Hand meinen linken Unterarm und hielt mich mit der linken Hand an Mutters rechtem Unterarm fest. Sie machte das bei mir genauso. So entstand ein Gitter. Wir bückten uns, Oma setzte sich darauf und legte uns rechts und links einen Arm um den Hals. Wir hoben sie – eins, zwei, drei – hoch und liefen so mit ihr bis ins Silberbachtal. Ab und zu brauchten wir eine Pause. »Wenn du eine Bank siehst, setzen wir uns alle mal hin«, sagte meine Mutter dann zu ihr. Zwischendurch ging Oma auch mal ein Stück zu Fuß, und wenn sie nicht mehr konnte, trugen wir sie wieder.

»Zeige mir, wie du den Hefeteig auswellst«, bat ich Oma schon als Kind, weil Mama beim Auswellen immer Mondlandschaften produzierte. Schnell hatte ich heraus, wie es funktionierte. Weil ich Mama unterstützen wollte, übernahm ich diese Aufgabe zukünftig. Das Rühren des Teiges kam rasch dazu.

Bis heute backen wir gemeinsam. Dabei hat jeder von uns feste Aufgaben, es läuft immer gleich ab: Meine Mutter stellt die Zutaten bereit – und zwar immer gleich für drei Blechkuchen, wegen eines Kuchens fangen wir gar nicht erst an: ein Kilo Mehl, einen Liter Milch, drei Päckchen frische Hefe, 30 Gramm Zucker, ein halbes Pfund Margarine, Öl, Salz. Den größten Teil des Mehls schüttet sie in eine Rührschüssel, in die Mitte macht sie eine Kuhle. Die drei Würfel Hefe zerbröselt sie mit den Fingern und gibt sie in die Kuhle, einen Teelöffel Zucker dazu, die leicht angewärmte Milch obendrauf. Mit einem Kochlöffel rührt sie durch, damit der Teig nicht spritzt. Den Vorteig und das stundenlange Aufgehenlassen sparen wir uns.

Dann rühre ich den Teig mit dem Handrührgerät. Man muss so lange rühren, bis der Teig Blasen schlägt. Der Motor ist aber so laut, dass man das nicht hört. Daher messe ich die Zeit, die ich rühren muss, indem ich »Alles meinem Gott zu Ehren« singe. Bei der ersten Strophe stelle ich das Handrührgerät auf Stufe eins: »Alles meinem Gott zu Ehren, in der Arbeit in der Ruh! Gottes Lob und Ehr zu mehren, ich verlang und alles tu. Meinem Gott nur will ich geben Leib und Seel', mein ganzes Leben. Gib, o Jesu, Gnad dazu; gib, o Jesu, Gnad dazu.«[11] Dann schalte ich das Rührgerät hoch und singe die zweite Strophe. So geht es weiter bis Stufe vier. Dann schalte ich ab.

Meine Mutter gibt nun ein halbes Pfund angewärmte Margarine, einen Esslöffel Öl, eine Prise Salz, Zucker und das restliche Mehl dazu. Ich singe noch ein anderes Lied mit acht Zeilen pro Strophe und rühre wieder Stufe für Stufe durch. Dann schütte ich den Teig aus der Schüssel auf das Holzbrett. Mama knetet ihn durch – je länger man ihn knetet, desto luftiger wird er – und formt drei gleich große Klumpen. Ich welle jeden auf je einem vorgefetteten Backblech aus. Dort muss der Teig zugedeckt 20 Minuten gehen. Mama schlägt ein Ei in eine

Tasse und verrührt es mit der Gabel. Das streiche ich mit dem Pinsel auf den Kuchenboden und setze die Äpfel, die meine Mutter vorher geschält und in Scheiben geschnitten hat, in Reihen darauf. Dann schiebt sie das erste Blech in den Ofen. Ich drehe den Zeiger der kleinen Küchenuhr, bis er unten kurz vor der Mitte steht. Die Uhr piept nach 28 Minuten. Ich ziehe das Blech heraus, schiebe das nächste hinein. Drei nacheinander. Den größten Teil frieren wir ein, damit wir einen Vorrat haben.

Als Stefan und ich noch Kinder waren, gab es immer sonntagnachmittags Kuchen – allerdings erst nach der Wanderung. Wenn es nicht gerade Backsteine regnete, waren wir sonntags zu Fuß unterwegs. Stefan ging mit Papa voraus, ich mit Mama hinterher. »Der Christof weiß den Weg schon«, verließ sich Stefan auf mich. So war es auch im Urlaub 1985 im Bayerischen Wald auf dem Rückweg von einer Tagestour am Großen Arber. Wir wollten den Bus in Brennes kriegen und gingen noch schneller als sonst. Mama musste mit ihren kurzen Beinen doppelt so viele Schritte machen. Wir kamen an eine Wegkreuzung.

»Wir biegen hier links ab«, bestimmte Papa.

»Wir müssen aber rechtsherum, wenn wir zum Bus wollen«, widersprach ich. Mama und Stefan schlugen sich auf meine Seite. Mein Vater bestand darauf, links zu gehen. Ich gab nicht nach: »Wir gehen rechts.« So ging das hin und her. Meine Mutter redete geschlagene fünf Minuten auf ihn ein, bis sie ihn überzeugt hatte. Wir rasten den Weg entlang und erreichten rechtzeitig den Ort und die Bushaltestelle. Der Bus kam, und wir fielen erleichtert in die Sitze.

Als Jugendlicher stellt man seine Eltern infrage, und bei mir war das nicht anders. Für meinen Vater bedeutete es eine schwere Niederlage, wenn er sich irrte. Und es war nicht das erste Mal gewesen.

Fünf Jahre zuvor, als wir in Oberbayern von Saulgrub zur Wieskirche gewandert waren, hatte es angefangen zu nieseln, und wir hatten noch einen weiten Weg vor uns gehabt. Die Stimmung war miserabel. Mein Vater behauptete, die Straße, auf der wir gingen, wäre asphaltiert. Ich war überzeugt, dass sie gepflastert war. »Fühl!«, hatte ich ihn aufgefordert. Ich hatte nicht lockergelassen, bis er sich bückte und die Hände auf die Straße legte. Da hatte er die einzelnen Steine gespürt und zugeben müssen, dass wir auf Pflastersteinen standen.

Christof und Stefan bei ihrer Kommunion

Dazugehören

Mama wollte, dass wir Abitur machen. Nach der siebten Klasse – ich war zwölf – wechselten wir von der Realschule in die Blindenstudienanstalt nach Marburg. Der Haken war, dass wir dort im Internat wohnen mussten, weil es zu weit weg war, um jeden Tag heimzufahren. Damit wir Zeit hatten, uns einzugewöhnen, wiederholten wir die siebte Klasse. Mama machte ein Abschiedsfest, als es Zeit war zu gehen. Dafür luden wir unseren Cousin und unsere Cousinen ein. Bei dem Fest gab es eine Bowle, und wir größeren Kinder durften davon probieren. Unsere ältere Cousine war etwas beschwipst, was wir lustig fanden. Danach zogen wir los zu einer Nachtwanderung. Uns gefiel es, mit den Taschenlampen in den Himmel zu leuchten und dem Lichtschein nachzuschauen.

Stefan und ich waren bis dahin überall im Doppelpack aufgetaucht. Doch als wir nach Marburg ins Gymnasium kamen, wurden wir in unterschiedliche Klassen gesteckt. Mama sprach mit dem Direktor. Am vierten Schultag durfte ich zu Stefan in die 7b wechseln.

Dass ich schlechter sah als die anderen in der Klasse, war ich schon von der Frankfurter Schule gewohnt. Ich arbeitete mit einem Lesegerät, das die Texte vergrößerte, und saß im Klassenraum an der Wand, damit die Sonne mich nicht blendete. Stefan saß am Fenster. Für mich war es ein Gewinn, nicht mehr in der Halbblinden-Klasse zu sein, in die man mich anfangs gesteckt hatte, sondern in die der Sehbehinderten zu kommen, in der Schüler saßen, die noch etwas besser sahen. Obwohl ich in Frankfurt Zusatzstunden in Blindenschrift bekommen hatte, war ich noch nicht so weit, mit den anderen Halbblinden mitzuhalten, die das schon länger übten.

In der Zehnten wechselten wir dann beide in die Halbblin-den-Klasse, weil wir immer weniger sehen konnten.

Stefan war mein Lehrmeister und ich sein erstes Lehrstück. Er war größer als ich und fitter in der Aufnahme. Er wollte, dass ich so weit komme wie er. Wenn ich einmal eine bessere Note hatte, freute er sich wie ein Schneekönig. Im Zug, wenn wir an den Wochenenden nach Hause fuhren, las er mir Ge-meinschaftskunde vor. Auch mein Vater half mir. Weil ich in Latein schwach war, behauptete er, er wolle Latein lernen, und ließ sich von mir sonntags beim Wandern Vokabeln abfragen. Die Strategie ging auf.

Stefan war Jahrgangsstufenbester, und weil er hilfsbereit war und andere von ihm profitierten, konzentrierte sich die Diskriminierung mehr auf mich. Als praktizierende Christen waren wir aber beide Außenseiter und mussten uns spitze Be-merkungen der Mitschüler anhören: »Die sind zu blöd, die glauben noch an Gott und gehen in die Kirche. Die haben die Entwicklung verschlafen.«

Diese Haltung der anderen war auch dem Umfeld geschul-det, in dem wir uns befanden: Die jungen Lehrer der blista gehörten zur Generation der 68er. Ein erheblicher Prozentsatz der Einwohner Marburgs wählte die Deutsche Kommunis-tische Partei. Als 1980 Die Grünen gegründet wurden, verla-gerte sich ein Teil der Sympathien dorthin. Eine Lehrerin un-serer Schule hatte ein Verhältnis mit einem Schüler. Sie gab sich keine Mühe, es zu verbergen, und flog trotzdem nicht. Eine andere lud unsere Klasse sonntagmorgens zum Früh-stück zu sich nach Hause ein. Stefan und ich sagten ab: »Uns ist der Gottesdienst wichtiger.« Danach wurden wir nicht mehr eingeladen. Wir ließen uns durch negative Erfahrungen nicht entmutigen. Die Sonntagstreffen bei der Lehrerin fan-den bald ein Ende, weil zu wenig Schüler Interesse zeigten.

In der siebten und achten Klasse wohnten wir in der zentralen Wohngruppe der Schule in Viererzimmern mit einem Erzieher im Haus. Ein Junge aus unserem Zimmer gab uns Starthilfe, indem er uns zum Torball mitnahm und uns die Hörbücherei zeigte. Stefan und ich achteten am Anfang genau darauf, wo wir entlanggingen, und nahmen dann denselben Weg zurück. An Kreuzungen blieben wir stehen, um uns einzuprägen, in welche Richtung wir gehen mussten. Alle Schüler erhielten von der blista ein Mobilitätstraining mit dem weißen Langstock. Stefan und ich sahen dafür noch zu viel. Sie hätten uns eigentlich die Augen verbinden müssen.

Egon wohnte mit uns im Viererzimmer. Er war 14, wie wir, und verknallt in eine Achtjährige. Dauernd schrieb er ihr Liebesbriefe, die er offen im Zimmer herumliegen ließ. Eines Tages hing einer der Briefe in der Schule am Schwarzen Brett. Dass jetzt alle Bescheid wussten, war ihm egal.

Nach drei Jahren kam Sarah an unsere Schule. Es war eindeutig, dass sie nichts von ihm wollte. Er ließ aber nicht locker. Das reizte mich zu einem Streich. Mit Stefan und einem Klassenkameraden schrieb ich einen Liebesbrief von Sarah an Egon und schickte ihn ab. Zuerst hüpfte Egon im Zimmer herum und hielt uns den Brief unter die Nase. Sarah weigerte sich trotz des angeblichen Liebesbeweises aber weiter, mit ihm zu reden. So merkte er irgendwann, dass der Brief gefälscht war, hat aber nie herausbekommen, dass wir es gewesen waren.

Egon war allen Jungs gegenüber misstrauisch. Einmal gab es Kuchen. Wir gaben ihm Bescheid, dass man ihn sich in der Küche holen konnte, aber Egon glaubte uns nicht und verpasste ihn.

Als wir älter wurden und Teenager waren, gingen unsere Schulkameradinnen und -kameraden gerne auf Sauftouren –

sogar unter der Woche. Wenn ihnen dann morgens zu schlecht war, um am Unterricht teilzunehmen, schrieben die Erzieher ihnen Entschuldigungen. So etwas gab es wohl nur damals, die 68er ließen grüßen. Unsere Eltern fanden das nicht in Ordnung: »Wer abends fortgehen kann, muss am Morgen auch in die Arbeit oder in die Kirche können.«

Wenn wir nach dem Wochenende an den Sonntagabenden zurückfuhren, waren auch Bundeswehrsoldaten mit uns im Zug, die zurück in ihre Kasernen nach Marburg oder Kassel mussten. Sie hatten immer etwas zu trinken dabei. Einmal fragte Stefan, ob sie uns von ihrem Gesöff probieren lassen würden. Sie ließen uns tatsächlich, waren dann aber enttäuscht, dass wir keine Miene verzogen. Es schmeckte gar nicht schlecht.

Seine erste Zigarette rauchte Stefan 1990 im Priesterseminar, als Deutschland in Italien Fußball-Weltmeister wurde. Ich hatte meine schon fünf Jahre zuvor. Auf einem internationalen Torball-Turnier in Stuttgart hatte mir ein betrunkener Pole eine filterlose Zigarette aus seiner Heimat angeboten, die ich tapfer mit ihm rauchte, um die deutsch-polnische Freundschaft zu besiegeln. Und eine zweite gleich hinterher. Im selben Jahr an Silvester zog ich an der Zigarette meiner Cousine, um herauszufinden, wie deutsche Kippen schmecken. Das reichte.

Seit ich 15 bin, wette ich nicht mehr. Ein Vorfall in der zehnten Klasse hat mir den Spaß daran verdorben: Unser Religionslehrer war erst 30 und ziemlich verträumt. Wir nahmen ihn nicht ganz ernst. Er gründete eine »Arbeitsgemeinschaft Spiritualität«, bei der zwölf junge Leute – darunter auch ich – mitmachten. Der Raum, in dem wir uns trafen, lag im ersten Stock der Schule. Bevor der Lehrer kam, hingen wir am Fenster herum, das nach außen aufging. Eine

Sperre verhinderte, dass es sich ganz öffnen ließ und man herausfallen konnte.

»Die Sperre nützt überhaupt nichts, da passt man trotzdem durch«, erklärte ich.

»Nie im Leben passt du da durch«, hielt ein dunkelhaariger, kräftiger Junge dagegen.

»Dann probieren wir es.«

Ich beugte mich über die Fensterbank nach draußen, ließ meinen Kopf und meinen Oberkörper durch den Spalt rutschen, während die anderen mich nur an den Füßen festhielten. Ich hing nach unten, pendelte hin und her, mir wurde schwindelig. »Stopp, stopp, zurück!«, rief ich. Doch die anderen hatte der Ehrgeiz gepackt. Sie zwangen mich zuzugeben, dass ich die Wette verloren hatte, bevor sie mich wieder hochzogen, obwohl ja ganz klar war, dass ich durch das Fenster gepasst hatte. Hilflos stimmte ich zu. Ich japste nach Luft, als ich wieder im Klassenzimmer stand. »Verloren, verloren – du hast deine Wette verloren«, feixte der Junge, der mich herausgefordert hatte. »Eigentlich habe ich die Wette gewonnen. Das ist unfair«, beschwerte ich mich.

Mitten in unsere Diskussion platzte der Lehrer. Er wollte uns wohl beeindrucken und erklärte sich bereit, das Experiment mit sich durchführen zu lassen, um feststellen zu können, wer die Wette gewonnen habe.

»Das geht nicht«, fuhr ich dazwischen. Er war vor vier Wochen erst Vater geworden, und ich wollte nicht, dass ihm etwas geschah. Doch die anderen bestanden darauf. Keiner hörte auf mich. In meiner Verzweiflung kniete ich mich mitten im Raum auf den Boden und betete laut: »Vater unser im Himmel, geheiligt werde dein Name. Dein Reich komme. Dein Wille geschehe, wie im Himmel, so auf Erden.« Da brachen sie das Experiment ab.

Von der siebten Klasse an verstanden Stefan und ich uns gut mit einem Mädchen, das nicht im Internat, sondern zu Hause bei seinen Eltern wohnte. Diese luden uns ab und zu ein. Sonst orientierten wir uns aber eher an Älteren.

Im ersten Jahr hatten wir beim Blindenseelsorger von Marburg Religionsunterricht. Er leitete einen Gesprächskreis mit Blistanern und ehemaligen Schülern der blista, in den wir uns hineinkämpften. Sie diskutierten dort Themen wie Liebe und Leid und sangen neue geistliche Lieder. Eine Teilnehmerin hätte mich lieber draußen gehabt als drinnen. Nichts, was ich sagte, konnte sie ohne bissige Kommentare stehen lassen. Ich ließ mich nicht irritieren. Gegen Widerstände zu kämpfen war ich gewohnt.

In der Fastenzeit und im Advent gestalteten wir Jugendfrühschichten in der Hochschulgemeinde Sankt Peter und Paul.

Bald gehörten wir zu den Großen, die unabhängiger wohnen durften. Von der neunten bis zur elften Klasse lebten wir zu acht in der Außengruppe in der Stadt, in der zwölften Klasse dann nur noch zu viert. Stefan und ich hatten jeder ein eigenes kleines Schlafzimmer und ein gemeinsames Arbeitszimmer. Wir gingen selbst zur Bank, kauften ein und versorgten uns. Eine Putzfrau kam regelmäßig zum Saubermachen, und einmal in der Woche schaute ein Erzieher vorbei.

Hin und wieder gingen wir Skat spielen in einer anderen Gruppe. Die Karten waren mit Punkten oben links markiert. Meistens waren mein Bruder und ich uns selbst genug.

Im letzten Jahr in Marburg nahmen wir eine Muslimin in unsere Wohngruppe auf. Ich war erstaunt, dass ihre Eltern ihr erlaubten, mit drei Jungs zusammenzuwohnen. Sie war nicht verschleiert. Für uns spielte es keine Rolle, dass sie ein Mädchen

und Muslimin war. Wir nahmen Rücksicht auf ihre Essensvor-
schriften. Brot und Obst kauften wir zusammen ein. Das Mittagessen bekamen wir in der Schulmensa.

In der blista in Marburg versuchte man, uns zur Selbstständigkeit zu erziehen, trotzdem lebten wir wie in einer Art »Blindengetto«. »Werde ich in der normalen Welt zurechtkommen?«,
fragte ich mich.

Meine Mutter ist sehr gut in die Dorfgemeinschaft integriert, weil sie eine normale Schule besuchte. Sie musste möglichst normal erscheinen, denn aufzufallen war im Dritten
Reich gefährlich. Als einzige Sehbehinderte in einer Gruppe
sehender Kinder war sie in einer Sonderrolle. Alle wussten,
dass sie schlecht sah, und testeten das aus. Meine Mutter verkraftete das gut. Durch diese Kontakte kann sie sich in die
Welt der Sehenden hineinversetzen. Sie brachte Stefan und
mir bei, den Kopf dem Sprechenden zuzuwenden, und sie
achtet sehr auf ihre Kleidung. Sie hat am stärksten die Perspektive der Sehenden, da sie unter Sehenden aufgewachsen
ist.

Bei Stefan und mir war das von Beginn an anders. Wir gehörten schon als Kinder in unserem Dorf nicht richtig dazu,
weil wir von Anfang an nicht dieselbe Schule besuchten wie
die anderen. Mit den Klassenkameraden aus Frankfurt konnten wir uns nachmittags nicht verabreden, weil es zu weit war.
In Marburg wurden Stefan und ich als gläubige Christen
ausgegrenzt. Außerhalb des Internats konnten wir oft nicht
mitmachen, weil unsere Sehkraft nicht reichte.

Wir wurden von Anfang an auf unsere Blindheit hin be-
schult, erhielten eine gute Ausbildung, konnten ausprobieren,
was möglich ist, unsere Stärken entfalten und Hobbys ent-
wickeln. Die Sehbehinderung war kein Dauerthema, weil alle

in unserem Umfeld betroffen waren. Viele empfinden eine inklusive Schule in der Pubertät als Belastung. Zum Flirten gehört Blickkontakt, und spätestens da merken blinde Menschen, dass sie außen vor sind. Das kann sich negativ auf das Selbstwertgefühl auswirken. Viele entscheiden sich dann, auf eine Blindenschule zu wechseln.

Das Umfeld eines Schülers mit Behinderung profitiert bei inklusiver Beschulung, denn es wird sozialer. Die anderen Schüler lernen, besser mit Behinderung umzugehen. In Dänemark, wo besondere Bildungseinrichtungen für Menschen mit Behinderung nicht üblich sind, zeigte sich aber, dass sich inklusiv beschulte Menschen mit Behinderung auf dem Arbeitsmarkt schwerer tun. Für Betroffene, die eine Spezialschule besucht haben, ist es leichter, eine Stelle zu finden.

Zum ersten Mal nicht mehr als Einzelkämpfer fühlte ich mich 1986 auf dem Katholikentag in Aachen. Mit einer Gruppe von sieben Leuten aus der katholischen Hochschulgemeinde in Marburg fuhren wir mit dem Bus dorthin. Die Sehenden, die dabei waren, legten Wert darauf, vieles mit uns gemeinsam zu unternehmen. Auch die Busfahrer waren netter als sonst. Der christliche Geist war spürbar, wie ich es sonst selten erlebt habe. Stefan konnte noch lesen, und wir suchten uns aus dem Programmheft Veranstaltungen zur Theologie der Befreiung aus. Diese Tage werden wir beide nie vergessen.

Was dann kam, war schwer.

Schneeballeffekt

Auf dem Heimweg von der Kirche blies ein scharfer Wind. Mama hatte Papas Lieblingsgericht, Linsen und Spätzle, gekocht. Stefan und ich hauten rein. Aber mein Vater nicht. »Alles schmeckt nach Zahnpasta«, beklagte er sich. Er, der sonst nichts verkommen ließ, stocherte im Teller herum, den Kopf in die Hand gestützt.

»Was hast du denn?«, bohrte Mama.

»Schädelweh«, brummte er.

Mama bestand darauf, dass er sich hinlegte. An dem Sonntag wanderten wir nicht.

In den Wochen danach bekam Papa immer wieder Kopfweh. Stefan und ich kriegten unter der Woche nichts mit, weil wir in Marburg auf das Abi paukten.

Im Dezember 1986 musste Papa ins Krankenhaus. Zu den Kopfschmerzen kam, dass er nur noch schwer sprechen konnte. Die Untersuchungen ergaben, dass sich unter der Schläfe Tumore gebildet hatten. Im Januar fuhr Mama mit ihm nach Freiburg in eine Spezialklinik. Dort sägten sie ihm die Schädeldecke auf. Helfen konnten sie ihm nicht mehr. »Ihr Mann hat noch ein Jahr zu leben«, sagte der Arzt zu Mama. Bis März 1987 lag mein Vater dann in Mainz im Krankenhaus. Operieren war nicht möglich. Eine Chemotherapie wollten wir ihm nicht zumuten. Bestrahlen ging aber. Anschließend ging es Papa besser. Zu seinem 50. Geburtstag am 7. Februar 1987 durfte er nach Hause. Wir schickten Dankgebete zum Himmel.

Den Geburtstag werde ich nie vergessen: Freunde und Bekannte aus dem Ort kamen nach dem gemeinsamen Gottesdienst, um ihm zu gratulieren. Wie in einer Prozession zogen sie von der Dorfstraße die Treppe zum Haus herauf. Dort verteilten sie sich auf die Zimmer. Überall saßen und standen Leute. Jeder wollte Papa die Hand drücken und mit ihm reden: »Weißt du noch, als du neu hier warst und keinen gekannt hast? Jetzt ist im ganzen Haus kein Stuhl mehr frei, weil alle mit dir Geburtstag feiern wollen.«

»Du bist bald wieder gesund, wir beten für dich einen Rosenkranz, dann wirst du sehen, wie schnell es bergauf mit dir geht«, versuchten die Frauen zu trösten.

Papa wanderte von Zimmer zu Zimmer und stieg bis in den Keller, um auch die Gäste im Hobbyraum zu begrüßen.

»Was haben Sie übers Wochenende mit Ihrem Mann gemacht?«, fragte der Stationsarzt, als Mama ihn zurückbrachte. Papa konnte besser denken und sprechen.

Im März schickten sie Papa nach Hause, weil sie nichts mehr für ihn tun konnten. »Wir pflegen ihn mit dir, Mama«, versprachen Stefan und ich.

Besonders als er in Mainz im Krankenhaus lag, erlebten wir riesige Unterstützung von den Leuten aus unserem Ort. Meine Mutter hätte mit öffentlichen Verkehrsmitteln nur schwer nach Mainz kommen können. Jeden Tag fuhr sie jemand anderes hin. Diese konkrete Hilfe tat uns gut. Je mehr Leute halfen, desto mehr kamen dazu: ein Schneeballeffekt.

Mama kümmerte sich darum, dass ihr Mann im Krankenhaus gut versorgt wurde. Er konnte kaum sprechen, deshalb klatschte er in die Hände, wenn er auf die Toilette musste. Darüber beschwerten sich die anderen Patienten. Die Krankenschwester gab ihm eine Flasche, um den Urin aufzufangen. Die Flasche tat ihm beim Benutzen weh, aber er fand nicht heraus, wieso. Mama tastete den Flaschenhals ab. Er war ausgefranst und scheuerte. Sie war fuchsteufelswild. »Das ist also gut genug für einen Mann, der nicht sieht?«, schrie Mama die

Stationsschwester an und hielt ihr die Flasche vor die Nase. »Ihr Mann stirbt sowieso, ist doch egal!«, brüllte die Schwester zurück. Mama bestand darauf, zu einem Telefon geführt zu werden, und besprach mit Leuten von der Sozialstation, dass sie am nächsten Morgen ein Krankenbett zu uns nach Hause liefern sollten. Sie rief ein Taxi, stützte Papa beim Laufen, setzte ihn hinein und zog ihn daheim die Treppe hoch. Oben bettete sie ihn erst einmal aufs Wohnzimmersofa. Am nächsten Morgen kam das Krankenbett, und von da an schaute jeden Tag ein Pfleger vorbei, um Papa zu waschen und die Infusionen zu wechseln.

Mama, Stefan und ich fütterten Papa abwechselnd. Hin und wieder kam ein Arzt. Wenn wir in die Kirche gingen, setzte sich ein Nachbar zu Papa. Drei Tage nach seiner Heimkehr konnte Papa noch lallen, dann war es mit dem Reden vorbei. Damit er nicht erstickte, saugte ich ihm Schleim von der Lunge ab. Vom Gurgeln des Saugers habe ich noch lange geträumt. Mama, Stefan und ich schliefen mit offenen Türen. So hörten wir, wenn Papa Hilfe brauchte. In seinen letzten Tagen wachte immer einer von uns an seinem Bett. »Ich finde keine Vene mehr, um Ihren Vater zu bewässern«, sagte der Arzt an einem Dienstag, meinem 20. Geburtstag. »Er hat nur noch zwei Tage.«

Am Donnerstag starb er.

Das Lied »Ich steh vor dir mit leeren Händen, Herr« tröstete mich, gerade die zweite Strophe: »Von Zweifeln ist mein Leben übermannt ...«[12] Ich muss Gott nicht in allem verstehen. Der Tod meines Vaters hat meinen Glauben nicht angefochten.

Meinen Geburtstag wollte ich vier Jahre lang nicht feiern. Auf Papas Sterbebild ließen wir Verse aus dem Römerbrief abdrucken: »*Keiner von uns lebt sich selber und keiner stirbt sich selber. Leben wir, so leben wir dem Herrn, sterben wir, so sterben wir dem Herrn. Ob wir leben oder ob wir sterben, wir gehören dem Herrn.«* (Römer 14,7–8)

Mama ordnete nach Papas Tod eine vierwöchige Ruhepause für Stefan und mich an. Danach bekam ich eine Stelle in der Buchbinderei, wo mein Vater gearbeitet hatte. Ein Arbeitskollege und Freund von Papa hatte ihm versprochen: »Ich werde dafür sorgen, dass deine Söhne trotz Einstellungsstopp bei uns im Unternehmen arbeiten können, bis sie studieren.« Die Leute aus dem Ort unterstützten uns auch weiter. Jahrelang habe ich hauptsächlich geschenkte Kleidung getragen. Zur Primiz meines Bruders leistete ich mir dann einen Anzug.

Oma half, wo sie konnte. Und wir ihr. Sie war das Gegenteil von meiner Mutter: eher schüchtern und zurückhaltend. Sie ließ Mama machen, ohne sich einzumischen. Wenn Stefan und ich uns als kleine Kinder danebenbenommen hatten, erzählte sie es Mama unter vier Augen. Unsere Eltern bestimmten über unsere Erziehung und klärten das dann mit uns. Oma und Opa nahmen sich dabei zurück.

1983 starb Großvater an einem Herzleiden, zwei Jahre danach erlitt Oma einen Herzinfarkt. »Ich will nach Hause«, jammerte sie im Krankenhaus.

»Das gibt einen totalen Pflegefall«, warnten die Ärzte.

Aber Mama ließ sich davon nicht abhalten. »Das kriegen wir schon hin«, sagte sie zu den Ärzten.

Tagsüber kümmerte Mama sich. Sie wollte Oma alles zurückgeben, was die ihr, besonders nach der Geburt von Stefan und mir, Gutes getan hatte. Um ihr Selbstwertgefühl zu erhalten, durfte Oma alles, was sie noch konnte, selbst machen. Am Anfang war sie so schwach, dass sie noch nicht einmal in der Lage war, alleine den Wasserhahn aufzudrehen. Mama rannte dann einen Stock tiefer, drehte ihn auf, kam wieder hoch und wartete. Wenn Oma ihn nicht zubekam und rief, lief Mama noch mal runter. Durch die Handgymnastik, die Mama mit ihr machte, konnte Oma sich nach und nach wieder selbst waschen, worauf sie richtig stolz war.

Alleine lassen konnten wir Oma nie. Dann bekam sie Angstzustände. Daher musste immer jemand zu Hause sein. Das konnte meine Mutter aber nicht. Man kann vieles mit ihr machen, aber ab und zu muss sie unter Leute. Daher kümmerte ich mich um Oma, wenn Mama abends zu ihren Chorproben und anderen Treffen ging. Ich studierte und wohnte zu Hause, daher war das kein Problem. »Christof, komm mal«, rief Oma mit zittriger Stimme, wenn sie eine Attacke hatte. Sie saß in ihrem Sessel und streckte die Hände nach mir aus. Ich setzte mich zu ihr, wärmte ihre Finger und merkte, wie sie ruhiger wurde. »Kannst wieder hoch«, entließ sie mich meist nach kurzer Zeit.

Einmal, als Oma kurz alleine gewesen war, fand Mama sie beim Heimkommen im Gebüsch. »Ich dachte, ich hätte da einen weißen Stock gesehen. Ich dachte, du hättest den Weg nach Hause nicht gefunden«, schluchzte Oma. Ein andermal stellte sie einen Topf mit Gulasch auf den Gasherd, drehte die Flamme hoch, lief raus, und die Türe fiel hinter ihr zu. »Gut, dass du kommst«, rief sie Mama entgegen, die zum Glück gerade nach Hause kam und gleich den Herd abstellte.

Alleine baden konnte Oma nach dem Infarkt nicht mehr. Weil sie eine konservative Frau war, hätte sie es schlimm gefunden, wenn jemand sie ohne Kleider gesehen hätte, auch wenn die Person zur Familie gehörte. Da ich kaum etwas sah und zudem sehr zurückhaltend war, ließ sie es bei mir aber zu. »Schick mir den Christof«, sagte sie dann. Ich ließ sie machen, was sie konnte, und wartete ansonsten auf ihre Anweisungen.

Wenn sie aus der Wanne steigen wollte, reichte ich ihr den Arm.

Als es meinem Vater schlecht ging, zog sie für sechs Wochen zu anderen Verwandten, um uns zu entlasten, doch anschließend wollte sie gleich wieder heim.

1991 kam sie wieder ins Krankenhaus. Mama sah den Krankenwagen vom Fenster aus noch als weißen Fleck. Oma ist nicht mehr zurückgekommen.

Bis zum Schluss hat sie alles für uns getan. Ich denke immer noch daran, wie sie am Nachmittag in der Küche am Fenster saß und mir Texte für mein Theologiestudium vorlas, auch wenn sie die selbst nicht verstand.

»Kinder, macht's Licht an«, sagte Mama nach Omas Tod immer öfter.

»Es ist doch an«, erwiderte ich.

Ich hatte einen schlimmen Verdacht, der sich leider bestätigte. Mama war vollständig erblindet. Sie war froh, dass ihre Eltern das nicht mehr miterlebten, und ihre Schwiegereltern auch nicht.

Nachdem in unserer Kindheit klar geworden war, dass Stefan und ich die gleiche Augenkrankheit wie unsere Eltern hatten, setzten diese alle Hebel in Bewegung, um uns zu helfen. Viele Arztbesuche standen an. Mein Vater schrieb sogar an den Regierungspräsidenten in Mainz, damit wir zu einer speziellen Untersuchung gehen konnten.

Irgendwann reichte es mir: »Ich habe keine Lust, weiter von Augenarzt zu Augenarzt geschleppt zu werden. Ihr seid blind und lebt damit, ich auch«, beendete ich dieses Thema als Jugendlicher. Ich verkraftete den Sehverlust leichter als mein Bruder, vielleicht weil ich von Anfang an weniger gesehen hatte als er.

Bis 1996 konnte ich meiner Mutter noch Kontoauszüge vorlesen. 1997 gab es viel für Stefans Priesterweihe und Primiz zu organisieren, da konnte ich auch noch Rechnungen lesen. Danach war ich aber nicht mehr in der Lage, Zahlen zu entziffern.

Meine Brille trug ich zunächst dennoch weiter. Eines Tages schepperte ich gegen einen Briefkasten, der in Kopfhöhe auf den Gehweg ragte. Die Brille fiel auf den Boden, das Glas zersprang. Ab da habe ich mir die Besuche beim Optiker geschenkt.

Es gibt ein Gleichnis über Blinde, das mich nervt, weil Menschen mit Sehbehinderung darin als dumm dargestellt werden:

Die Blinden und der Elefant

Man bat sechs blinde Männer, zu bestimmen, wie ein Elefant aussehe. Jeder untersuchte für sich einen Körperteil. Der Blinde, der das Bein befühlte, sagte, ein Elefant sei wie eine Säule. Der, der den Schwanz abtastete, erklärte, dass ein Elefant sich wie ein Seil anfühle. Der, der den Rüssel berührte, meinte, ein Elefant habe Ähnlichkeit mit einem Ast. Der, der das Ohr anfasste, fand, ein Elefant sei wie ein Fächer. Der, der den Bauch streichelte, berichtete, dass ein Elefant mit einer Decke zu vergleichen sei. Der, der den Stoßzahn entlangstrich, behauptete, ein Elefant müsse wie eine Röhre sein.

Ein Weiser erklärt den Blinden:

Ihr habt alle recht. Jeder von euch erklärt es anders, weil jeder von euch einen anderen Körperteil des Elefanten berührt hat. Denn in Wahrheit hat ein Elefant alle die Eigenschaften, die ihr genannt habt.[13]

In der Realität würde natürlich jeder Blinde merken, dass er nur einen Teil des Ganzen erfasst, deshalb gefällt mir diese Darstellung nicht.

Der Elefant steht in diesem Gleichnis für Gott. Das Gleichnis will sagen, dass sich über ihn nur sehr unkonkrete Aussagen treffen lassen. Ich finde, das stimmt nicht. Weil Gott in Jesus Mensch geworden ist, kann ich schon Aussagen treffen, die ihn beschreiben und mir so näherbringen. Ich muss mir nur immer bewusst sein, dass diese nicht erschöpfend sind.

Wie im Krimi

Wie geht es weiter, fragte ich mich 1987, als ich das Abitur in der Tasche hatte. Ich wusste, dass ich studieren wollte, aber was? Übervorbereitet zu sein ist nicht meine Sache. Ich habe immer vieles auf mich zukommen lassen und mich darauf verlassen, dass es klappt. So tat ich es auch bei der Wahl des Studiums. Ich fuhr zur Goethe-Universität in Frankfurt, um mich für das Theologiestudium einzuschreiben. Theologie hatte mich schon länger interessiert.

Die Sekretärin fragte mich, welchen Studiengang ich mir ausgesucht hätte.

»Katholische Theologie.«

»Magister oder Lehramt?«, wollte sie wissen.

»Was kann man denn mit einem Magister anfangen?«, fragte ich zurück. Das konnte sie mir nicht sagen, also entschied ich mich für Lehramt. Als zweites Fach nannte ich spontan Geschichte, und dann schrieb ich mich noch für das Pflichtfach Pädagogik ein.

Letzten Endes begann ich wegen der Krankheit meines Vaters ein Jahr später als geplant zu studieren, doch meine Fächer änderte ich nicht mehr.

Wenige Tage vor der Einführung in Pädagogik erhielt ich einen Brief: »Sehr geehrter Herr Müller, Sie sind für das Fach

Pädagogik für das kommende Semester eingeschrieben. Da Sie als Blinder keinen Nutzen davon hätten, brauchen Sie zur Einführungsveranstaltung nicht zu erscheinen.«

Dieses Schreiben ließ Zweifel in mir aufkommen, ob ich die richtige Wahl getroffen hatte. Wenn schon die Einführung keine Beteiligung eines Blinden zuließ, wie würde es dann erst im Rest des Studiengangs sein? Ich beschwerte mich bei Gott: »Ich habe mich voll auf Dich verlassen. Ich dachte, Dein Heiliger Geist hätte mir die Studienfächer eingegeben. Wenn ich das falsch sehe, dann lasse mich bitte gleich im ersten Semester scheitern, ansonsten mache ich weiter und verlasse mich auf Deine Unterstützung.«

Zur Einführungsveranstaltung in Pädagogik ging ich nicht, aber zu allen anderen Vorlesungen schon. »Hier bin ich«, begrüßte ich jeden Professor, erklärte, dass ich blind sei, und bat um Erlaubnis, mit dem Kassettenrekorder Tonaufnahmen nur für mich machen zu dürfen. So hielt ich es bei allen Seminaren und Übungen. Bei den Vorlesungen schrieb ich mit der Stenomaschine auf Papierstreifen mit. Zu Hause übertrug ich das Wesentliche von Kassetten und Streifen auf große Blätter.

Als Praktika anstanden, war es mir wichtig, möglichst viel zu unterrichten. Dabei merkte ich: Es geht. Ich habe immer an Schulen für Sehende unterrichtet. Meinen turbulenten Start in den Schulalltag als Praktikant verarbeitete ich in einer Büttenrede, die ich mal in einer Klasse zum Besten gab:
»Und schließlich war es dann so weit:
der erste Schultag, und es schneit.
Der Bus fährt nicht. Es ist kein Flop.
Also fahr ich per Autostopp.
Der Zug steht schon da, ich spring noch schnell rein
und würde grad noch pünktlich in Höchst sein.
Ganz entspannt saß ich da, hört leises Stimmengemunkel.

Auf einmal wird es draußen dunkel.
Wir fuhren in den Hauptbahnhof,
und die Klasse wartete in Höchst – wie doof.
Als ich in Höchst ankam, wie dumm,
war fast die erste Stunde um.
Doch wo ist der richtige Klassenraum nur?
Da traf ich einen Herrn im Flur.
Der war freundlich und half mir weiter;
ich kannte ihn nicht – es war der Schulleiter.
Im Nachhinein konnte ich den Schöpfer dort oben
für so reichlich Schnee zur Entschuldigung loben.«

Die Studienzeit verging rasch. In meiner Abschlussarbeit ging es um die Bibelstelle vom Seesturm:

»Als Jesus die vielen Menschen sah, die um ihn waren, befahl er, ans andere Ufer zu fahren. Er stieg in das Boot, und seine Jünger folgten ihm. Plötzlich brach auf dem See ein gewaltiger Sturm los, sodass das Boot von den Wellen überflutet wurde. Jesus aber schlief. Da traten die Jünger zu ihm und weckten ihn; sie riefen: Herr, rette uns, wir gehen zugrunde! Er sagte zu ihnen: Warum habt ihr solche Angst, ihr Kleingläubigen? Dann stand er auf, drohte den Winden und dem See und es trat völlige Stille ein. Die Leute aber staunten und sagten: Was ist das für ein Mensch, dass ihm sogar die Winde und der See gehorchen?« (Matthäus 8,18.23–27)

Ich schloss daraus, dass konsequente Nachfolge, die den Stürmen der Zeit gewachsen ist, einen unerschütterlichen Glauben an Jesus voraussetzt. Nur er hat die Macht, zu helfen und zu heilen, zu retten und zu vergeben. Die Nachfolge Jesu bringt die Gefahr mit sich, dass der Glaube in seinen Grundfesten erschüttert wird. Man darf nicht vor Kreuz und Tod zurückschrecken. Jesu Weg ist entsetzlich unbequem und entbehrungsreich, aber auch seligmachend. Zu einem solchen Glauben braucht man gemeinschaftliche Erfahrungen und Glaubensvorbilder.[14]

»Wir hatten noch nie einen Blinden«, gab der Leiter des Studienseminars zu bedenken, als ich mich um eine Referendarstelle für das Zweite Staatsexamen bewarb. »Ich kann mir nicht vorstellen, dass es geht, aber ich schaue es mir an.«

»Dafür habe ich vollstes Verständnis, und ich finde es schön, dass Sie es probieren wollen«, bedankte ich mich.

Es ging.

Als das Zweite Examen in Theologie anstand, bat ich wegen meiner Einschränkung um eine Verlängerung von einem Monat und bekam sie. Im Mai 1995 legte ich das Zweite Staatsexamen ab und war nun Lehrer.

Die Beraterin der Frankfurter Vermittlungsstelle für Arbeitslose mit Behinderung, bei der ich auf der Suche nach einer Stelle vorsprach, fragte mich, warum ich nicht Biologie oder Chemie studiert hätte, da wären mehrere Stellen frei. Wie ich als Blinder mit einer Klasse chemische Versuche machen solle, fragte ich zurück. Das konnte sie mir leider nicht sagen.

Auch im Schulamt in Frankfurt schaute ich vorbei. »Einen blinden Lehrer, der eine Stelle sucht, gibt es nicht alle Tage. Melden Sie sich am besten beim Regierungspräsidenten in Darmstadt«, schlug der Direktor mir vor.

Ich tat wie geheißen und vereinbarte mit dessen Sekretärin einen Termin. Einen Tag vorher klingelte das Telefon. Der Herr am anderen Ende räusperte sich und holte hörbar Luft: »Herr Müller?«

»Am Apparat«, antwortete ich.

»Herr Müller, Sie haben morgen einen Termin bei mir wegen Ihrer Bewerbung als Lehrer.«

»Ja, das ist richtig.«

»Ich dachte, vielleicht ist es gar nicht notwendig, dass Sie sich hierher nach Darmstadt bemühen, das ist für Sie sicher keine Kleinigkeit, nicht wahr?«

»Nein, einfach ist es nicht, aber ich kriege das schon hin«, wiegelte ich ab.

»Sie müssen nicht kommen, ich kümmere mich um eine Stelle für Sie. Sie hören von mir«, beendete der Regierungspräsident das Gespräch.

Bald darauf lud mich das Schulamt Main-Taunus ein, mich im Kreishaus vorzustellen. Der Amtsleiter hatte den Auftrag von oben, eine Stelle für mich zu suchen, die ich gut erreichen könnte. Kurze Zeit später teilte er mir mit, dass ich an einer Hofheimer Schule anfangen kann. Am folgenden Tag fand ich den Brief mit der Zusage im Postkasten. Am 13. November – mitten im Schuljahr – fuhr ich zu meiner Vereidigung ins Kreishaus.

»Gehen Sie am besten sofort in die Schule«, hieß es gleich danach. »Sie werden dringend erwartet!«

Ich tat wie geheißen, stellte mich beim Schuldirektor vor und durfte gleich eine Religionsstunde für einen länger erkrankten Kollegen halten. Die elfte Klasse, in der ich die Stunde hielt, hatte vorher kaum Vertretungsunterricht gehabt, deshalb schwänzten die meisten Schüler. Später war Geschichte dran, mein zweites Fach. Mein Kollege wollte das angefangene Thema der vorherigen Stunde noch abschließen, bevor er mir die Klasse übergab. Ich saß so lange in der Bank zwischen zwei Schülerinnen, von denen die eine mir zuflüsterte, dass sie gerade Katholische Religion geschwänzt hätte. Sie war in der Klasse, in der ich vorher erst unterrichtet hatte. Sie hielt mich wohl für einen Schüler. Am Ende der Stunde stellte der Geschichtslehrer mich als seinen Nachfolger und neuen Religionslehrer vor. Das war der Schülerin natürlich ziemlich unangenehm.

Der erkrankte Reli-Lehrer tauchte nicht mehr auf, und auch Geschichte wurde zum Mangelfach – so war die Schulleitung froh, dass ich da war.

Für mich als blinden Lehrer ist es überhaupt nicht selbstverständlich, an einem normalen Gymnasium eine Stelle zu haben, die auch jeder Nichtbehinderte haben könnte. Dass ich diesen Beruf ausüben kann, habe ich vielen zu verdanken: Der Sozialstaat der Bundesrepublik Deutschland hat mir eine hochwertige Ausbildung ermöglicht und optimale Rahmenbedingungen gegeben, sodass ich meine Fähigkeiten entfalten konnte. Auch die Schwerbehinderten-Quote des Landes Hessen hat mich unterstützt. Geholfen hat mir neben all dem aber auch, was unsere Mutter uns von Kindheit an eingeschärft hat: »Ihr dürft euch nicht alles gefallen lassen und müsst versuchen, immer ein Stück besser zu sein als die anderen, wenn ihr eine Arbeit haben wollt. Warum sollte man euch einstellen, wenn es mit einem anderen Bewerber leichter geht?«

Im Arbeitsalltag spielt meine Behinderung keine große Rolle. Die Schulleitung, Kolleginnen und Kollegen, Schülerinnen und Schüler haben sich an die Besonderheiten gewöhnt. Meine Oberstufenschüler stehen vor dem Abitur – sie wollen, dass es funktioniert. Weil ich mehr Zeit brauche, um meine Arbeit gut zu machen, bin ich zu der Überzeugung gekommen, dass ich keine volle Stelle ausfüllen kann. Ich mache meine Arbeit gern und verdiene mit meiner Zwei-Drittel-Stelle das, was ich zum Leben brauche. Ich habe nicht versucht, Karriere zu machen. So bleibt Zeit für ehrenamtliches Engagement, durch das ich der Gesellschaft etwas zurückgeben will.

Exakt bei denen, die mir helfen, kann ich mich nicht revanchieren. Deshalb will ich einen Dienst für die Allgemeinheit leisten. Als ich 21 war, lud mich ein Bekannter zu einer Sitzung der Jungen Union ein. Das politische Engagement war neben dem Studium ein wichtiger Schritt für mich in die normale Welt. Sehende Gleichaltrige holten mich zu Sitzungen ab. So bin ich in die Fußstapfen meines Vaters getreten. In der Politik kann ich als Blinder gleichwertig mittun. Was sollte ich im Sportverein oder bei der Feuerwehr?

1991 nominierte man mich bei einer Versammlung, an der ich nicht teilnehmen konnte, für die Wahl zum Vertreter der Jungen Union im CDU-Vorstand der Gesamtstadt. Ich holte eine Stimme mehr als der Vorsitzende meines Ortsverbands, womit ich nicht gerechnet hatte. Ein Fehler war es allerdings, dass ich diesen vorher nicht über meine Kandidatur informiert hatte.

2016 feierten wir, dass ich seit einem Vierteljahrhundert in der CDU aktiv war. Eine wertvolle Zeit. Von Anfang an habe ich mich dort integriert gefühlt. Demokratie bedeutet, mitzubestimmen und mitzugestalten. Ich sehe das als Verpflichtung. Wer sich aus der Politik heraushält, muss sich nicht wundern, wenn die falschen Leute das Sagen haben.

Sich in Verbänden zusammenzuschließen und für seine Interessen einzutreten, ist wichtig. Das muss keine politische Partei sein. Im Deutschen Katholischen Blindenwerk setzen sich blinde und sehbehinderte Ehrenamtliche für andere ein. Meine Mutter organisiert jedes Jahr die ökumenische Bildungswoche und weitere Treffen, gemeinsam mit anderen. Ich arbeite punktuell mit, soweit es meine Arbeit erlaubt.

Ab dem Ende meines Studiums bekam ich – vermittelt durch Bekannte – Einladungen von Grundschulen, über das Leben mit Blindheit zu informieren. Als ich meine Stelle hatte, konnte ich das nicht mehr und empfahl meine Mutter. Seitdem beantwortet sie bei solchen Gelegenheiten regelmäßig die Fragen der Kinder: »Wie hältst du Mehl, Zucker und Salz auseinander?«, »Wie merkst du, wenn etwas kocht?«, »Wie gehst du einkaufen?«. Es kamen sogar schon Schüler zu uns nach Hause, um zu schauen, wie Mama Kartoffeln schält.

Nur bei einer dieser Informationsveranstaltungen über das Leben mit Blindheit bin ich bis heute noch dabei. Meine Mutter und ich führen sie gemeinsam durch in der Projektwoche an meiner Schule. Eine Kollegin lädt uns regelmäßig ein, in ihren Klassen von unserem Leben zu erzählen. Da kommen auch Fragen, bei denen man merkt, dass sie eigentlich von den Eltern stammen: »Haben Sie bewusst Kinder haben wollen, auch wenn Sie wussten, dass die vielleicht auch blind sein würden?«, wurde meine Mutter einmal gefragt. An ihre Antwort kann ich mich gut erinnern: »Ich habe früh mit meinen beiden darüber geredet«, antwortete sie, »sie wollen lieber mit einem Sehfehler auf der Welt sein und sie erleben als gar nicht.«

Andere Fragen sind harmloser: »Wissen Sie, wie unsere Lehrerin aussieht?« Dann dreht sich Mama zu meiner Kollegin um und sagt: »Frau Lehrerin, wir sagen uns jetzt mal ganz lieb Guten Tag.« Mama drückt sie ganz fest, bevor sie den erstaunten Kindern mitteilt, was sie bei der Umarmung erfühlt hat: »Eure Lehrerin ist einen Kopf größer als ich, schlank und hat kurze Haare.«

Fasziniert wollen die Kinder dann wissen, was sie nach so einer Begrüßung über jedes einzelne weiß. Die meisten Kinder haben keine Berührungsängste.

Bei einer anderen dieser Infoveranstaltungen hat ein Grundschulkind leise geweint. »Warum weinst du?«, fragte meine Mutter.

»Weil du das doch nicht siehst«, schluchzte das Kind.

»Das ist kein Grund zum Weinen. Schau mal, wenn du im Dunkeln bist …«

»... dann weine ich auch«, piepte das Kind.

»Weil du Angst hast«, meinte Mama, »ich habe aber keine Angst. Wenn ich dir die Augen verbinde und mit dir spiele, dann hast du auch keine Angst.«

Wir überlegen uns vor diesen Stunden Übungen, bei denen die Schüler hautnah spüren, wie es ist, nichts zu sehen. Einigen Kindern binden wir mit Schals die Augen zu und drücken ihnen Stöcke in die Hand. Sie sollen sich im Klassenzimmer zurechtfinden. Die anderen müssen still sein und zuhören. Laut klappert es, wenn die Mädchen und Jungen mit den Stöcken an Stühle und die Füße von Bänken stoßen. Klack, klack, da wühlt wieder einer mit dem Stock in einem Regal. Alle kichern. »Alle, die jetzt gelacht haben, kriegen als Nächstes die Augen zugebunden«, mahnt meine Mutter dann. Wenn es einem Kind unangenehm ist, die Augen verbunden zu bekommen, respektieren wir das. Den Kindern aber, die sich trauen, verlangen wir einiges ab. Sie sollen den Ernst spüren, es soll nicht nur Spiel sein. Wenn sie ihre Aufgabe gemeistert haben, dürfen sie zur Belohnung auf der Bogenmaschine schreiben. Ich zeige meinen Taschencomputer, in den ich Termine eintrage und unterwegs Notizen mache, die ich über die Punktschriftzeile lesen kann.

Beim letzten Mal teilten wir Plastiktäfelchen, Papier und Nadeln zum Durchstechen von Blindenschrift aus. Ein Junge tat sich sehr schwer damit, zu verstehen, dass er die Punktkombinationen für die Buchstaben spiegelverkehrt durchstechen muss, damit man sie von der anderen Seite lesen kann. Lange saß Mama neben ihm und führte seine Hand. Anschließend ging ich mit allen in den Hof, um die Orientierung draußen zu üben.

Manchmal kann ich kaum glauben, welche Energie in meiner Mutter steckt. Nach dieser Infoveranstaltung an der Schule fuhren wir mittags mit dem Zug heim. Dort kochte meine Mutter geröstete Grießsuppe. Nach dem Essen machte sie sich auf den Weg nach Frankfurt zur Vorstandssitzung des Katholischen Blindenwerks. Abends um neun ging sie dann noch zur Tupperparty der Nichte, die uns mit ihrem Mann in Haus und Garten unterstützt. »Man wächst mit seinen Aufgaben«, sagt sie nur, wenn man sie fragt, woher sie die Kraft nimmt.

Ganz normal

Ich weiß von Blinden, die im normalen Schuldienst gescheitert sind. Es ist wichtig, mit welcher Perspektive ich herangehe. Wenn etwas nicht gut läuft, kann ich es entweder auf mein Blindsein reduzieren oder mich fragen, ob mir der Unterrichtsstoff vielleicht nicht liegt. Man muss nicht alles so hoch hängen.

Um als blinder Lehrer an einer Schule für Sehende arbeiten zu können, brauche ich Hilfskräfte, die für mich lesen. Ohne sie ginge es nicht. Sie sprechen Bücher, Klausuren und andere Inhalte in einen DAISY-Player (Digitales Audio-Informations-System), der mit einem MP3-Spieler vergleichbar ist. Dabei erhalten die Texte Seitenzahlen und Markierungen, sodass ich hinterher leicht finde, was ich suche. Sie kopieren auch Arbeitsblätter für mich, denn die meisten Kopierer arbeiten inzwischen mit Touchscreen, was es mir unmöglich macht, sie zu bedienen.

»Lesekraft dringend gesucht« gab ich während des Referendariats eine Anzeige über die studentische Jobvermittlung auf. Ein junger Mann meldete sich. Leider stellte sich heraus, dass er schlecht in Deutsch war. So kam ich vor den Ferien in eine Notlage. In der letzten Schulstunde war ich zu einer Kollegin in den evangelischen Religionskurs eingeladen. Ich erzählte, dass ich dringend eine Vorleserin suchte. Eine Schülerin kam nach der Stunde auf mich zu und bekam die Stelle. Ich fragte bei meiner Ausbilderin nach, ob das in Ordnung sei. Das Schulamt stimmte zu.

Ein Jahr später gab es wieder einen Engpass: Zwei Lesekräfte hörten auf, eine dritte wurde krank. Eine Anzeige, die ich schaltete, blieb erfolglos. Ich fragte die ehemalige Schülerin, und sie vermittelte mir ihre Schwester. Auch nach dem Referendariat machte ich positive Erfahrungen mit Schülerinnen als Vorleserinnen. Aber es arbeiten auch ältere Lesekräfte für mich, wofür ich sehr dankbar bin.

Die Zusammenarbeit mit meinen Vorleserinnen geht nur mit Offenheit und Ehrlichkeit, denn manchmal kommt es bei ihnen zu Gewissenskonflikten. Die Schülerinnen sind manchmal mit jemandem befreundet aus der Klasse, deren Arbeiten sie korrigieren sollen, oder sie verlieben sich in einen Mitschüler. Eine ältere Lesekraft unterstützte mich bei den Abiturarbeiten des Jahrgangs, in dem ihr Sohn war. Sie informierte mich und bekam die Arbeit ihres Sohnes nicht. Ich hätte es nicht wissen können, da sie einen anderen Nachnamen trägt.

Zwei meiner Vorleserinnen stammen aus meinem Heimatort, was praktisch ist. Eine von ihnen ist Michaela. Vor Kurzem las sie mir einen Zeitungsartikel aus einer lokalen Zeitung vor, den mir die Verfasserin schon angekündigt hatte:

Ganz normaler Unterricht
»Inklusion heißt wörtlich übersetzt Zugehörigkeit, also das Gegenteil von Ausgrenzung. Wenn jeder Mensch – mit oder ohne

Behinderung – überall dabei sein kann, in der Schule, am Arbeitsplatz, im Wohnviertel, in der Freizeit, dann ist das gelungene Inklusion«, lautet die Definition von Aktion Mensch. Sie ist möglich, wie der Arbeitsalltag eines blinden Lehrers am Gymnasium zeigt.

Es ist 9.35 Uhr, und der Lehrer ist bereits da. Raum 105 ist sonst noch leer. Stühle und Bänke stehen wie Kraut und Rüben, weil in der Stunde zuvor eine Klassenarbeit geschrieben wurde. In fünf Minuten beginnt der Unterricht. Eine Schülerin kommt zur Tür herein: »Guten Morgen, Herr Müller, soll ich Ihnen helfen?« Sie gehen zusammen den Medienwagen holen, denn die Schülerin hält an diesem Dienstag eine Präsentation über den Hitler-Stalin-Pakt. Sie hatte einen Bänderriss am rechten Daumen und konnte die letzte Geschichtsarbeit nicht mitschreiben. Deshalb muss sie heute eine »Klausurersatzleistung« erbringen. Christof Müller sitzt in der ersten Reihe am Fenster und verfolgt den Vortrag. An der Wand ist ihre Präsentation zu sehen. Sie nutzt darin mehrere historische Karten. Doch ihr Lehrer kann sie nicht sehen: Er ist blind. Nach einer Viertelstunde ist sie fertig, und die anderen können Fragen stellen. Müller, der noch in der ersten Reihe sitzt und sein Gesicht dem Schüler zuwendet, der gerade spricht, moderiert. Damit er diese Aufgabe wahrnehmen kann, gibt es eine »Meldeordnung«. Das bedeutet, dass in jeder Unterrichtsstunde ein anderer die Namen derjenigen ansagt, die sich gerade melden, um eine Frage zu beantworten oder auf andere Weise zum Unterricht beizutragen. So kann der Gymnasiallehrer auswählen, wer antworten soll. Auch wer sich nicht gemeldet hat, muss darauf gefasst sein, aufgerufen zu werden.

Christof Müller kam mit einer Sehbehinderung auf die Welt. Er hat als Kind Farben und Formen gesehen. Das hilft ihm heute, wo er nur noch hell und dunkel unterscheiden kann. »Ich stamme aus einfachen Verhältnissen«, erzählt der Studienrat. Sein Vater sei Hilfsarbeiter gewesen, die Mutter Stenotypistin. Sie ließen ihre Söhne studieren, die beide – wie die Eltern – blind sind. Christof Müller besuchte das Internat der Deutschen Blindenstudienanstalt in Marburg. Sie sei damals die einzige Lehreinrichtung im deutschsprachigen Raum gewesen, in der blinde Menschen das Abitur absolvieren konnten. Staatliche Unterstützung habe ihm das Studium ermöglicht. Der »Berühmteste« aus der Familie sei sein Bruder Stefan – soweit er weiß, der erste blinde Katholik, der in Deutschland zum Priester geweiht wurde.

Nach der Präsentation soll sich der Kurs in mehrere gleich starke Gruppen einteilen, um die Hintergründe des Widerstands gegen Hitler zu erarbeiten. In kürzester Zeit haben sich mithilfe Christof Müllers die Gruppen gefunden und beginnen mit der Arbeit. Er sitzt dabei am Lehrer-Pult und schreibt in seinen Computer oder liest Inhalte, wobei die Zeichen dynamisch durch kleine Stifte angezeigt werden. Vor ihm liegen Unterlagen in Braille-Schrift. Pünktchen-Kombinationen stehen für Buchstaben, und geschwind gleiten seine Finger darüber.

In der kurzen Pause zwischen den beiden Geschichtsstunden erzählen zwei 18-jährige Schülerinnen vom Unterricht mit Christof Müller: »Wir haben ihn seit einem Jahr und sind daran gewöhnt. Wir machen Aufgaben und lesen aus dem Buch. Wenn wir ein Bild besprechen, hat er sich darauf vorbereitet und weiß, was darauf zu sehen ist«, berichtet die eine. Es gebe eine feste Sitzordnung, und der Lehrer kenne den Platz eines jeden. Wenn man sich umsetzen wolle, müsse man es ankündigen. »Das ist ganz normaler Unterricht für mich«, erzählt ihre Freundin. Sie hat von einem anderen Lehrer zu Christof Müller gewechselt. »Das ist total interessant«, habe sie in den ersten Stunden immer wieder zu ihrer Tischnachbarin gesagt.

»Für uns ist die Zusammenarbeit mit Christof Müller das Normalste der Welt«, berichtet die Schulleiterin. Er sei vier Jahre lang im Personalrat der Schule gewesen und übernehme die gleichen Aufgaben wie die anderen im Kollegium, außer Pausenaufsichten. Bei der Einführung von Präsentationsprüfungen für das Abitur habe man darüber nachgedacht, ob und wie Christof Müller diese auch durchführen könne. Gemeinsam fand man einen Weg: Die Schüler geben eine Verlaufsskizze sowie den Quellennachweis der verwendeten Materialien für die Präsentation eine Woche vor der Prüfung ab. Müller erarbeitet sich mit einer Lesekraft eine Vorstellung davon, wie die Bilder aussehen.

»Christof Müller kennt die Schule wie seine Westentasche. Er ist auch bei Wandertagen dabei, was ich toll finde«, so die Schulleiterin, »in unwegsamem Gelände hat sich immer ein Kollege gefunden, der ihn führt.« Sie arbeitet mit Christof Müller seit 1995 im Lehrerkollegium zusammen und ist mit ihm per Du. Müller habe sich für das Klassenraum-Prinzip ausgesprochen, um den Unterricht schülerfreundlich zu gestalten. Das bedeutet, dass die Lehrer häufig die Räume wechseln müssen, nicht die Schüler. Er sehe das als »sportliche Herausforderung«, erzählt sie. Er trägt seine Ausstattung im Rucksack dahin, wo er unterrichtet. Allerdings hat man ihm zugestanden, nicht im Container oder einer Nachbarschule unterrichten zu müssen, sondern im Hauptgebäude der Schule arbeiten zu können. Seit 20 Jahren ist er als Lehrkraft an der Schule tätig, und momentan unterrichtet er zwölf Stunden pro Woche Geschichte und Religion. Die Schulleitung habe Schüler, mit denen Herr Müller neu arbeitet, dazu ermutigt, offen zu sagen, ob es ihnen etwas ausmache, dass ihr Lehrer ihnen nicht in die Augen schauen könne. Es gebe eine »Tauschbörse« für alle Oberstufenschüler am Anfang jedes Schuljahres. Das heißt, wenn jemand sich in einem Kurs nicht wohlfühlt oder mit einem Freund im selben

Kurs sein möchte, kann er oder sie wechseln. Normalerweise braucht man dafür einen Tauschpartner. Schätzungsweise zwei bis drei Schüler pro Jahr wechseln auch ohne Tauschpartner in einen anderen Kurs, weil sie Berührungsängste mit einem blinden Lehrer haben. Es gab aber dieses Jahr auch eine Schülerin, die später wieder in seinen Kurs zurückwollte. »Ich habe immer um meine Schüler gekämpft«, betont er. Er ermutige jeden, es zu probieren.

Nach der vierten Stunde um 11.15 Uhr wartet eine seiner Lesekräfte schon auf ihren »Chef«. Seit 19 Jahren arbeitet sie für ihn, im Durchschnitt zwei Stunden pro Woche. Mit einem Mikrofon spricht sie Inhalte, wie Klausuren oder Bücher, in einen DAISY-Player. Wichtig ist die Beschreibung von Bildern aus den Büchern. Zu Hause kann Müller sich die Inhalte anhören und erarbeiten. Jede Klausur, die er einsammelt, spricht sie zunächst ohne Satzzeichen ins Gerät. In einem zweiten Durchgang liest sie die Satzzeichen mit und korrigiert sie mit ihm zusammen. Das sei aufwendig, ermögliche aber Genauigkeit. Die Rechtschreibung muss überprüft werden, da sie die Note beeinflusst. Christof Müller gibt Anweisungen zu Randbemerkungen, die mit Rotstift in den Klausuren anzubringen sind. Die Lesekraft führt auch Aufsicht bei Klausuren. Sie strickt oder liest dann, aber ihr entgeht nichts. Laut Studienrat Müller schätzen die Schülerinnen und Schüler, dass er jedem auf einem extra Abschnitt, der an die Arbeit geheftet ist, eine ausführliche Rückmeldung gibt, was in der Klausur gut war und wo er Verbesserungsmöglichkeiten sieht. Um überhaupt korrigieren zu können, braucht er seine Lesekräfte. Diese organisiert er selbst. Manche kommen regelmäßig, andere punktuell als »Springer«, wenn besonders viel Arbeit anfällt, wie bei der Abiturprüfung. Insgesamt sind fünf Frauen im Alter von 19 bis 65 Jahren als Lesekräfte für ihn tätig. Im Durchschnitt braucht er zehn Stunden in der Woche

Unterstützung zur Unterrichtsvor- und -nachbereitung. Die Kosten erstattet das Schulamt.

Am Anfang sei sie unsicher gewesen, erzählt seine dienstälteste Lesekraft: »Man kann sich nicht in einen blinden Menschen hineinversetzen.« Sie hat vorher in leitender Position in einer Personalabteilung gearbeitet. Diese Tätigkeit hat sie nach der Geburt ihrer Tochter aufgegeben, da die Großeltern nicht in der Nähe wohnten. So kam es, dass sie das Mädchen manchmal zu Christof Müller und seiner Mutter mitnahm, wenn sie zum Arbeiten dorthin fuhr. »Frau Müller hat für uns Tee gekocht, auf die Kleine aufgepasst und mit ihr Lego gespielt. Für unsere Tochter war das eine faszinierende Erfahrung. Wir haben gesehen, wie ein normaler Alltag in einer blinden Familie abläuft.«

Christof Müller ist auch in seiner Freizeit aktiv: Als Stadtverordneter des CDU-Ortsverbands in seinem Heimatort engagiert er sich ehrenamtlich in der Pressearbeit. »Meine Behinderung gehört wesentlich zu mir, aber gerade im politischen Engagement spielt sie keine Rolle«, erklärt er. Das Katholische Blindenwerk vertritt er, wenn es seine Zeit erlaubt, bei Veranstaltungen mit anderen Blindenorganisationen. Am vergangenen Wochenende hat er an einer Wallfahrt in der Gegend teilgenommen, aus der sein Vater stammte. Inklusion bedeutet für ihn auch, dass behinderte Menschen sich bemühen, sich in die Gemeinschaft der »Normalen« einzugliedern.

Er streckt der Besucherin die Hand entgegen und wartet, bis sie bereit ist, sie zu ergreifen und sich zu verabschieden. Dann macht er sich mit seiner Lesekraft daran, den Rest des neuen Geschichtslehrbuchs für das kommende Schuljahr zu erarbeiten.[15]

Der Vertrauensvorschuss, den ich gebe, wirkt sich meist positiv aus. Es gibt natürlich auch Ausnahmen. Wenn Schüler schwänzen und die Klasse mir nicht sagt, dass jemand fehlt, merke ich das aber. Ich bin nicht blauäugig. Nach den Stunden mache ich mir Notizen über die mündliche Mitarbeit. Ich weiß, wer was gesagt hat, und auch, wer nichts gesagt hat.

Die Blindenorganisationen kämpfen um Teilhabe. Für Menschen mit Behinderung ist es wichtig, ihre Rechte gelegentlich einzufordern. Einmal habe ich eine Lehrerkonferenz platzen lassen, weil die Unterlagen nicht termingerecht eingegangen waren. Wer an dem Tag wie ich sechs Stunden Unterricht hatte, konnte sie nur noch in der dreißigminütigen Mittagspause lesen. Das war mir unmöglich.

Christof Müller und seine dienstälteste Lesekraft bei der Unterrichtsvor- und -nachbereitung

Beim mündlichen Abitur war ich dieses Jahr bei allen katholischen Religionsprüfungen dabei – als Prüfer oder als Prüfungsausschuss-Vorsitzender. »Sie hatte eine Jogginghose an. Ordnungsgemäße Kleidung sieht anders aus«, beschwerte sich der Protokollant nach der Prüfung über eine Schülerin. Ich spürte, dass die Stimmung gegen sie war. Danach nahm ich sie zur Seite und empfahl ihr, sich anders zu kleiden, wenn sie sich die letzte Prüfung erleichtern wolle. Mir als Blindem nimmt man das ab.

Bei einer anderen Schülerin, die einen Minirock trug, mokierte sich der Protokollant, er habe nicht wissen wollen, welche Farbe ihre Unterhose hatte. Bei mir weiß sie, dass das nichts nutzt.

Für zwei Monate saß eine Schülerin mit Vollverschleierung in meinem Unterricht. Ich erfuhr erst davon, als es mir jemand erzählte. Es machte für mich keinen Unterschied.

Ich trage bei Prüfungen immer Anzug. So führe ich auch Elterngespräche, sonst fehlt der Respekt. Wenn ich in der Stadtverordnetenversammlung eine Rede halte, mache ich es genauso, ansonsten komme ich legerer. Wir haben zu Hause ein Farberkennungsgerät. Ich halte den Sensor, der nur halb so breit ist wie ein Fingernagel, auf das Material, dann sagt der Apparat die Farbe an: »intensiv blau«, »hellblau« oder »dunkelblau«. Um sicherzugehen, dass der Pulli einfarbig ist, muss ich den Sensor über ein größeres Stück Stoff führen. Bei gestreifter Kleidung nennt das Gerät die Farben abwechselnd.

Wie andere Lehrer auch begleite ich meine Klassen auf Ausflügen. Normalerweise ist keine sehende Begleitperson dabei. Es ist ungewöhnlich, dass ein Blinder eine Gruppe leitet. Ich muss gut organisiert sein.

Ich erinnere mich an einen Ausflug mit einer Lerngruppe aus der elften Klasse, zu der eine körperbehinderte Schülerin gehörte. Wir planten, ins Frankfurter Bibelhaus zu fahren. Ich schaute vorher nach barrierefreien Verkehrsmitteln. Im Hauptbahnhof kam aber statt der angekündigten Niederflurbahn eine normale Straßenbahn. Zwei kräftige Jungs aus unserer Gruppe trugen die Rollstuhlfahrerin in die Bahn und im Bibelhaus in den ersten Stock. Auf dem Rückweg verpassten wir wegen des Rollstuhls die S-Bahn und mussten eine halbe Stunde warten. Ich gab den Schülern 20 Minuten frei und bat sie, pünktlich zurück zu sein. Weil sie mich nicht alleine am Gleis stehen lassen wollten, fragte mich eine Schülerin, ob ich nicht mit zu McDonald's kommen wolle. Ich kam mit. Wegen des guten Zusammenhalts landeten alle aus unserer Gruppe dort, und so konnte ich Aufsicht üben, ohne dass es den Schülern bewusst war.

»Wo ist denn euer Lehrer?«, fragte auf dem Weg zurück nach Hofheim in der S-Bahn eine Frau, neben der ich mit meinem Blindenstock stand, eine meiner Schülerinnen.

»Ich bin der Lehrer«, antwortete ich.

»Sie können als Blinder doch keine Schüler beaufsichtigen. Da machen die Jugendlichen doch nur Unsinn.«

Ich fragte die Frau, welchen Unsinn meine Schüler im Moment machten. Sie musste zugeben, dass alle ganz gesittet und höflich waren. »Sehen Sie, es geht, man muss den jungen Menschen etwas zutrauen und darf nicht immer vom Negativen ausgehen«, erklärte ich. Sie wollte wissen, an welcher Schule ich unterrichte, und versprach, ihre Tochter auch dorthin zu schicken.

Regelmäßig bin ich mit Schulklassen in der 1983 eingerichteten Holocaust-Gedenkstätte in Hadamar. Erst vor Kurzem war es wieder so weit. »Ich bin hier emotional betroffen und befangen«, sagte ich gleich zu Beginn meinen Schülern, schließlich wurden hier Menschen mit Behinderung umgebracht – und auch meine Mutter wäre um ein Haar hier gelandet.

Für den Weg von der Bushaltestelle hoch auf den Mönchberg blieben nur zehn Minuten. Deshalb hatte ich Stefan, der uns regelmäßig bei diesen Ausflügen begleitet, gebeten, uns am Bus abzuholen und hochzuführen. »Hallo Christof, ich grüße dich« – die Bustüren waren noch nicht ganz offen, da hörte ich meinen Bruder schon rufen. Wir begrüßten uns mit Handschlag und liefen los, die Jugendlichen folgten.

In der Gedenkstätte versuchten wir zu verstehen, wie es zu den NS-Euthanasie-Verbrechen kommen konnte.

Die Rassenhygiene, die ab den 1930ern zur Leitwissenschaft im nationalsozialistischen Deutschland wurde, spielte eine große Rolle. Durch das »Gesetz zur Verhütung erbkranken Nachwuchses«, das im Januar 1934 in Kraft trat, konnten Menschen mit Erbkrankheiten zwangssterilisiert werden.[16] Der »Kampf ums Dasein« und das »Überleben der Tüchtigsten« waren verbreitete Parolen.[17]

Ab 1934 nahm die Landesheilanstalt Hadamar Zwangssterilisationen vor. Zwischen 1934 und 1945 wurden in Deutschland etwa 400 000 Menschen zwangssterilisiert.[18]

Zwischen Januar und August 1941 wurden über 10 000 Menschen mit Behinderung, sogenanntes lebensunwertes Leben, in der Gaskammer in Hadamar getötet.[19] In der zweiten Phase ab August 1942 ging man anders vor, um nach außen den Anschein eines normalen Anstaltsbetriebs zu erwecken. Wenn Hungerkost und vorenthaltene medizinische Versorgung nicht zum gewünschten Ergebnis führten, tötete man die ausgewählten Patienten durch eine Überdosis an Medikamenten oder eine Spritze und verscharrte sie in einem Massengrab. Bis März 1945 starben auf diese Weise 4500 Menschen in Hadamar. Das entspricht 91 Prozent der dorthin Verlegten.[20]

Wir hangelten uns am Metallgeländer die schmale Steintreppe hinunter in den Keller, wo Menschen durch Gas getötet und danach verbrannt wurden.

Was, wenn meine Mutter hier gelandet wäre?

Draußen schien die Augustsonne, und wir stiegen zum Abschluss der Führung die steilen Stufen zum Friedhof hoch. Die Wände rechts und links warfen unsere Worte zurück. Oben ließen wir uns auf Bänken vor dem Denkmal nieder und überlegten, ob solche Taten heute noch einmal möglich wären.

Die Euthanasie wurde lange nicht als NS-Verbrechen betrachtet. Auf der Website der Gedenkstätte heißt es:

»Die verfolgten Menschen mit Behinderungen und psychischen Erkrankungen gehörten in der Bundesrepublik Deutschland viele Jahre lang zu den vergessenen Opfern der NS-Herrschaft. Die Erinnerung an ihr Leiden wurde oftmals verdrängt. Anfang der 1980er-Jahre begann die systematische Erforschung der Verbrechen und die gezielte Erinnerung an die Opfer.«[21]

»Wie hättet ihr gehandelt, wenn ihr damals gelebt hättet?«, hatte ein Mitarbeiter der Gedenkstätte bei einem früheren Besuch von den Schülerinnen und Schülern wissen wollen. Ein Schüler aus meiner Gruppe schrie: »Richtig war das, genau richtig! Ich hätte die Behinderten auch vergast.«

»Du hast Mut, denk daran, dass du mich noch zwei Jahre im Unterricht hast«, erwiderte ich. Für mich war klar, dass er den Besuch der Gedenkstätte nicht verkraftet und einfach überreagiert hatte.

Ein paar Wochen nach diesem Ausflug besuchte ein Herr vom Schulamt meinen Unterricht, um zu prüfen, ob ich auf Dauer ins Beamtenverhältnis übernommen werden könne. Er sprach eine Dreiviertelstunde alleine mit der Klasse. Dabei fragte er die Schüler, ob sie sich benachteiligt fühlten, weil sie einen blinden Lehrer hätten. Hinterher erfuhr ich, dass sich dieser Schüler in dem Gespräch sehr für mich eingesetzt hat.

2005 schloss ein Kurs von mir das Abitur ab, dessen Schüler ich teilweise fünf Jahre im Unterricht gehabt hatte. Wir waren zusammengewachsen, weil wir viele Stunden in der Abiturvorbereitung miteinander verbracht hatten. Ich fragte, ob die Gruppe einen selbst gestalteten Abschlussgottesdienst feiern wollte. Fast alle waren dafür. Eine Schülerin besorgte den Schlüssel für die Bergkapelle. Die Noten waren schon eingetragen. Trotzdem feierten auch diejenigen, die dagegen gestimmt hatten, den Gottesdienst mit. Ich bat zum Abschluss alle, die gesegnet werden wollten, einzeln nach vorne und zeichnete ihnen ein Kreuz auf die Stirn.

Die zufriedenste Lebensweise

Glauben und Leben gehören in meiner Familie zusammen, aber ich möchte nicht den Eindruck erwecken, dass wir besonders fromm wären. Die Kirche lebt auf vier Ebenen: in Rom, wo der Papst sitzt; auf der Ebene der Bischöfe, in der Kirche vor Ort und in der Hauskirche, die uns besonders viel bedeutet. Ich glaube, die Nachfolge Jesu führt zur zufriedensten Lebensweise und fördert den Frieden zwischen den Menschen. Deshalb versuche ich, authentisch und glaubwürdig als Christ zu leben, damit andere davon fasziniert werden. Für uns ist wichtig, dass Gott wie eine Person ist. Wäre er das nicht, könnte er nicht lieben. Wir wissen, dass Gott für uns da ist. In seiner Gegenwart fühlen wir uns glücklich und geborgen.

Unsere Familie gestaltet den Jahresverlauf im Glauben. In der Fastenzeit las unser Vater, als wir noch Kinder waren, sonntags aus dem Evangelium vor. Bei schönem Wetter setzten wir uns dabei aufs Mäuerchen vors Haus. Die ersten Bienen summten auf der Wiese, und die Sonne wärmte uns. Meine Mutter und ich verzichten heute in dieser Zeit auf bestimmte Dinge, aber wir fasten nicht so streng wie Stefan. Ich fasse immer mehrere Vorsätze, um wenigstens einen durchzuhalten. In manchen Jahren schaffe ich es ohne einen Tropfen Alkohol, aber wenn jemand in der Familie einen runden Geburtstag feiert, ziehe ich das nicht durch. Trotz Fastenzeit stoße ich dann mit einem Glas Sekt an oder feiere eine gewonnene Kommunalwahl mit.

Von Gründonnerstag bis Karsamstag essen wir weder Fleisch noch Wurst. Am Karfreitag frühstücken wir nicht, mittags gibt es in der Gemeinde Pellkartoffeln mit Quark, abends eine Scheibe Brot und einen Apfel. Ich weiß noch genau, auf die »Auferstehungswürstchen« nach dem Ostergottesdienst freuten wir uns als Kinder besonders. Wir essen so abwechslungsreich wie möglich, jahreszeitlich und vom Glauben geprägt: Zur Fassenacht gehören Kreppel, zur Kerb ein Schokokuss, an Nikolaus essen wir Hefemännchen, Nüsse und Mandarinen; an Weihnachten – nicht vorher – Lebkuchen; an Neujahr Neujahrskringel.

Von der Osternachtsfeier in der Kirche bringen wir in einer Laterne das Feuer mit nach Hause. Ich gehe mit der Kerze durch das Haus, singe ein Osterlied, wie »Christ ist erstanden …«[22], und segne jeden bewohnten Raum. Wir tragen das Osterlicht auch auf den Friedhof und zünden daran Grablichter an. In einem Jahr blies uns der Wind die Flamme in der Laterne unterwegs immer wieder aus. Erst beim dritten Gang kamen wir mit dem Osterlicht am Friedhof an.

Als Stefan und ich Kinder waren, ging die Prozession an Fronleichnam noch an unserem Haus vorbei, und wir schmückten es dafür. Als Kind interessierte ich mich nicht für Blumen, aber später war es meine Aufgabe, die roten und rosa Geranien, Apfelblütchen, Männertreu und Fleißigen Lieschen am Zaun entlang zu platzieren. Ich rechnete aus, wie ich sie verteilen musste, um ein regelmäßiges Bild zu bekommen. Wir steckten gelb-weiße Fahnen in die Halter an den Fenstern. Die großen Fahnen, die im Wind knatterten, banden wir am Zaun oberhalb der Straße fest. Als Kinder liefen Stefan und ich nach der Prozession noch einmal durchs Dorf, um die Fahnen zu zählen.

Der Name »Fronleichnam« kommt aus dem Althochdeutschen und bedeutet »Leib des Herrn«. Das Wort beschreibt keinen toten, sondern einen lebendigen Leib. Jedes Jahr am Donnerstag nach dem ersten Sonntag nach Pfingsten feiern wir, dass Jesus in der Eucharistiefeier bei uns ist, wie er es beim letzten Abendmahl versprochen hat. Wir tragen eine geweihte Hostie in der Monstranz, einem verzierten Gefäß, durch den Ort. Über die Monstranz halten vier Männer einen Stoffbaldachin. Diesen »Himmel« tragen zu dürfen ist eine Ehre. Mein Vater hatte sich das gewünscht, aber weil er blind war, hat er nie den Mut gehabt zu fragen.

Ich bin Himmelträger. Ich achte darauf, dass ich nicht vorne gehe. Wenn der Himmel schräg hängt, bekomme ich Anweisung vom Kerzenträger neben mir. Die Musikkapelle spielt, und wir ziehen singend mit Jesus durch die Straßen. Das ganze Dorf putzt sich dafür heraus. Ich trage Anzug und Krawatte. Mama läuft bei der Prozession in der Gemeinde mit. An den Straßenaltären, die Frauen aus dem Ort geschmückt haben, beten wir. Den Blütenteppich haben die Kommunionkinder morgens ganz früh gelegt.

Meine Mutter sammelt seit fast 60 Jahren vor dem Fest in der Nachbarschaft Geld für den Straßenaltar. Jemand begleitet sie, damit sie die Hauseingänge findet. Die Leute, bei denen sie schellt, bekommen mit, dass die anderen etwas geben, und dann greift auch hier das Schneeballprinzip. Bei Menschen, die nicht mehr aus dem Haus können, bleibt Mama eine Weile sitzen und hört ihnen zu. Zugezogene informiert sie über Feste im Ort und lädt sie ein.

Ich lade alle drei Monate über den Pfarrbrief zum Glaubensgespräch in unser Wohnzimmer ein. Meist steht das Evangelium oder eine Lesung des kommenden Sonntags auf dem Programm. Die Frauen finden es gut, dass ich ihnen als Religionslehrer den Text erschließen kann. Nach einer Stunde beenden wir das Glaubensgespräch. Beim letzten Mal baten mich die Gäste anschließend, von Sambia zu erzählen.

Frauen in die Küche

Die Sambia-Reise im Sommer 2017 war eine besondere Erfahrung. Stefan hatte mich dazu eingeladen. Wir flogen mit einer Gruppe aus seiner Gemeinde dorthin. Ich bekam den Reisesegen von meiner Mutter, Stefan und die Gruppe vom Bischof. Wir vereinbarten, von unterwegs nicht daheim anzurufen, weil das oft kompliziert ist. »Wenn was passiert, erfahre ich es«, sagte Mama.

Der Sambia-Kreis in Hadamar unterstützt Menschen mit Behinderung in der Diözese Ndola. Wir flogen dorthin, um uns Projekte anzuschauen.

Nach der verspäteten Landung in Lusaka holte uns Margarethe, eine deutsche Freiwillige, mit unserem Busfahrer ab. Wegen des Busfahrverbots nach neun Uhr abends mussten wir in der Nähe eine Unterkunft suchen. Morgens um sechs brachen wir auf nach Livingstone. Dort besuchten wir Bischof Valentine, der eine Übernachtung bei den Franziskanerinnen für uns organisiert hatte. Beim »Halleluja« kamen wir zum Gottesdienst in die Kirche. Der Chor sang und tanzte, auch die Gemeindemitglieder, die Lebensmittel zum Altar brachten. Danach war Zeit für Gespräche. Am Nachmittag fuhren wir zu den Victoriafällen, den größten Wasserfällen der Welt. Der Sambesi-Fluss fällt hier eineinhalb Kilometer breit über eine Kante und zwängt sich in eine quer liegende Schlucht, die 200 Meter tief und viel schmaler ist. Als wir auf der Fußgängerbrücke unter den Victoriafällen standen, waren wir nach wenigen Minuten tritschnass von der Gischt. Die Tropfen sammelten sich auf der Stirn und liefen übers Gesicht. Unter uns toste der Sambesi. Es machte nichts, denn es hatte an die 30 Grad, obwohl in Sambia gerade Winter war.

»Push her – schubst sie«, hörten wir neben uns auf der großen Stahlbrücke. Die Mutter einer jungen Amerikanerin forderte die Mitarbeiter des Bungee-Jumping-Unternehmens auf, ihre Tochter in den Abgrund zu stoßen. Ich fand das grausam. Die junge Frau stand angegurtet am Brückenrand, klapperte mit den Zähnen und konnte sich nicht entschließen, kopfüber hinunterzuspringen. Ging es der Mutter um das Geld, das sie bezahlt hatte? Wir diskutierten, was mehr Mut kostete: zu springen oder nicht zu springen. Alle seufzten erleichtert, als die junge Frau es dann doch wagte.

Eine Jeep-Safari in Livingstone mit der ganzen Gruppe stand am nächsten Tag auf dem Plan. Noch spannender fanden wir den »Safari-Walk«, auf den ich mit Stefan und zwei Frauen aus der Gruppe zu Fuß ging. Ein bewaffneter Mann begleitete uns. Bis auf 30 Meter kamen wir an zwei Nashörner heran. Eines von ihnen erhob sich uns zu Ehren und schnaubte. Auch ein Zebra hörten wir auf unserem Marsch. Lautstark klang der Liebesgesang eines Flusspferdes zu uns herüber. Der Ranger erklärte, was er an den Losungen der Tiere ablesen kann. Er gab uns einiges zum Riechen und zum Ertasten.

Am nächsten Tag kamen wir nach 15 Stunden Fahrt im Bistum Ndola im Kupfergürtel an. Modi, ein junger Mann aus Sambia, der parallel zu Jennifer 2014 in Deutschland Freiwilligendienst geleistet hatte, besuchte mit uns einen Markt, auf dem sonst keine Touristen waren. Wir drängten uns zwischen Ständen hindurch; ich hörte Händler ihre Ware anpreisen und Hühner gackern, roch an Orangen und Jamswurzeln, bekam Kochlöffel und Siebe in die Hand, befühlte Stoffe und Flipflops. Für daheim kaufte ich Caterpillars, eine sambische Delikatesse, außerdem winzige getrocknete Fische, Erdnüsse in Päckchen und Tassen als Mitbringsel für Mama. Modi handelte mit der Verkäuferin, die noch nie an Weiße verkauft hatte, einen fairen Preis aus und nahm Zuckerrohr mit, das er uns probieren ließ. Für viele Kinder ist das die einzige Süßigkeit. Ich nahm eines der geschälten Stücke in den Mund und biss darauf. Es fühlte sich wie Holz an und schmeckte nach Apfel. »Man saugt den Geschmack heraus und spuckt den Rest aus«, erklärte Modi.

Er zeigte uns eine Stelle am Fluss, wo er als Kind gebadet hatte. Wir hörten Frauen beim Wäschewaschen singen. Modis Vater war gestorben, als der Sohn seinen Dienst in Deutschland leistete. Er hatte bei der Beerdigung nicht dabei sein können. Modi war das jüngste Kind der Familie, das zehnte. Wir besuchten das Grab von Modis Vater, das er liebevoll hergerichtet hatte. Es berührte mich tief, wie er von seinem Vater sprach, der ihm zugleich Mutter gewesen war, denn diese war vier Jahre nach seiner Geburt gestorben. Wir bekamen eine Ahnung, was es bedeutet, wenn wir sagen, Gott ist uns Vater und Mutter. Mir kamen die Tränen, obwohl ich Modis Vater nicht gekannt habe.

Bei unseren Begegnungen in Sambia wurden kulturelle Unterschiede deutlich. Als wir bei einem Bauunternehmer, der eine sogenannte Kleine Christliche Gemeinschaft leitete, zum Essen eingeladen waren, hieß es direkt nach unserer Ankunft »Frauen in die Küche«. Wir waren erstaunt, dass das auch für Gäste galt. Die Frauen aus unserer Gruppe mussten beim Kochen helfen. Als das Essen fertig war, rief die Gastgeberin nur die Männer – auch unseren Busfahrer – an den Tisch. Die Frauen durften, als wir fertig waren, auf dem Küchenboden die Reste essen. Wir fühlten uns alle sehr unwohl mit dieser Situation.

Wir verbrachten auch viel Zeit mit Warten. Ein Mann, mit dem wir nachmittags um vier verabredet waren, kam abends um acht.

Die Schwestern einer Internatsschule für Mädchen und Jungen mit Behinderung, die wir besuchten, fragten Stefan, ob er eine heilige Messe im Heim halten würde. Die Kinder zu einer Kirche zu fahren war kompliziert, deshalb hatten sie mehrere Wochen keinen Gottesdienst mitgefeiert. Zwei Frauen aus unserer Gruppe lasen Stefan abwechselnd das Hochgebet auf Englisch vor, und er wiederholte es so oft, bis er es auswendig konnte. Beim Gottesdienst mit 150 Kindern und Mitarbeiterinnen predigte Stefan auf Englisch. Dabei versuchte er, den Kindern zu erklären, dass Jesus gerade die Kleinen und Schwachen zu sich ruft. Die Kinder dort gestalten Taschen, die verkauft werden, und tragen damit zur Ausbildung junger Schwestern bei. Er lobte sie, dass sie stark im Herzen seien, obwohl ihr Körper schwach sei. Sie hätten Jesus und seine Botschaft wirklich verstanden.

Nach der Messe sprachen wir mit den körperbehinderten jungen Frauen, deren Ausbildungen oder Studien über Spenden finanziert werden. Im großen Kreis waren sie nicht gesprächig, aber als Stefan persönlich mit ihnen redete, erfuhr er, dass alle von ihnen ihre bisherigen Prüfungen bestanden hatten, mit Eifer bei der Sache und dankbar für die Unterstützung waren. Diese gibt ihnen die Chance, nach dem Abschluss am Berufsleben teilnehmen zu können.

Neben der Internatsschule unterhalten die Franziskanerinnen fünf Ernährungszentren, in denen jeweils hundert Kinder einmal am Tag eine warme Mahlzeit bekommen. Zu unserem Besuch in einem der Zentren brachten wir zwei Säcke Maismehl mit. Aus gespendeten Nahrungsmitteln kochen Mütter dort auf zwei offenen Feuern Mittagessen für die Kinder. Stefan rührte in der Küche Nshima, einen zähen Maismehlbrei, das Grundnahrungsmittel in Sambia. Lange hielt er es dort nicht aus, weil die Luft ihn im Hals kratzte. Ein Rauchabzug wäre dringend notwendig gewesen. Wir waren entsetzt, dass eine Mutter mit ihrem Baby auf dem Rücken den ganzen Vormittag im beißenden Qualm stand.

Weil wir darauf bestanden, das Gleiche zu essen wie die Kinder, gab es zu Nshima und Gemüse an diesem Tag Hühnchen mit Soße, was nur einmal im Monat auf den Tisch kommt – ein Fest für die Kinder. Ich schöpfte an der Essensausgabe Hühnchen auf die Teller. Die Portionen waren so groß, dass Stefan und ich uns eine teilen konnten und trotzdem satt wurden. Für ein Viertel der Kinder ist das die einzige Mahlzeit des Tages. Sie bekommen weder Frühstück noch Abendessen. Wir hörten, dass Lebensmittelspenden gestohlen werden und das Gelände einen Sicherheitszaun braucht.

Mich als Lehrer freute es sehr, dass ich an einem Nachmittag an einer staatlichen Schule in einem armen Vorort von Kitwe beim Unterricht dabei sein konnte. Die angehende Lehrerin hatte ein Jahr als Freiwillige in Hadamar gearbeitet. In der Klasse saßen 62 Schüler. Wenn ein Kind an der Tafel richtig vorgerechnet hatte, riefen alle »Yeah« und klatschten dreimal. War ihm ein Fehler passiert, korrigierte die Lehrerin, ohne zu schimpfen. Ich war begeistert von ihrem Unterrichtsstil.

An dieser Schule wurden die Kinder in zwei Schichten unterrichtet. Die Nachmittagsschicht dauerte von ein bis fünf Uhr. Um drei gab es die letzte Pause. Die Konzentration ließ erst um halb fünf nach, was mich wunderte. Die Lehrerin lud unsere Reisegruppe zum Essen zu sich nach Hause ein. In ihrem Haus wohnten auch ihre Schwester, ihre Nichte und andere Verwandte. Die Nichte musste die Schule ausfallen lassen, um für uns zu kochen. Auch hier war eine Rangordnung deutlich spürbar.

Als Gruppe besuchten wir in Kitwe eine kirchliche Schule, die von Stefans Sambia-Arbeitskreis unterstützt wird. Die Toiletten waren in einem schlechten Zustand und die Kloschüsseln so groß, dass kleine Kinder immer Hilfe brauchten. Der Arbeitskreis hatte schon vor unserer Abreise beschlossen, neue Toiletten zu finanzieren.

Als Eintracht-Frankfurt-Fan genoss Stefan besonders den Besuch im Stadion von Ndola. Bei der Stadionführung am Vormittag fuhren wir mit dem einzigen Aufzug in der Stadt hoch in den Bereich, wo sonst die Promis sitzen. Am Nachmittag schauten wir uns ein Erstligaspiel an. 40 000 Zuschauer hätten im Stadion Platz gehabt, doch nur jeder hundertste Sitz war besetzt. Unsere Plätze lagen genau in der Mitte zwischen den Fanblöcken. Wir saßen in einer gemischten Reihe: elf Deutsche mit 13 sambischen Gästen inklusive Busfahrer. Das war ein schönes Gemeinschaftserlebnis und ein Symbol der Partnerschaft zwischen Limburg und Ndola. Eine junge Sambierin, die sich zuerst nicht getraut hatte, den Leuten aus unserer Gruppe in die Augen zu schauen, führte mich, wie sie es von ihrer Tante gesehen hatte. Während des Spiels zeichnete sie mir Spielsituationen in die Hand und erklärte sie.

Zum Abschied von Ndola organisierten wir eine Feier für unsere Gastgeber. Die Bessergestellten blieben nicht lange, weil wir sie genauso behandelten wie alle anderen. Mitglieder der Band »Ndola Beats« sangen für uns.

In Kitwe beteten wir am Grab von Jennifer, die in der Nordsee ertrunken war, und legten ein Holzkreuz nieder. Am letzten Tag, auf dem Weg zum Flughafen, machten wir einen Abstecher zu ihrer Familie, die wieder zurück nach Kabwe gezogen war. Als wir mit dem Bus ankamen, begrüßten sie uns mit Freudenrufen. Kinder schwenkten Deutschlandfähnchen, Frauen hatten für uns gekocht. Jennifers Mutter zeigte uns das Zimmer, in dem ihre Tochter geboren war. Die Erinnerung an sie war überall gegenwärtig, aber wir spürten keinen Hauch von Vorwurf oder Bitterkeit. Jennifers Familie wusste, dass sie in Deutschland glücklich gewesen war. Sie hatten akzeptiert, was geschehen war. Es war tragisch, aber keiner hatte es gewollt, keiner war daran schuld. Wahrscheinlich gab die Familie noch nicht einmal Gott die Schuld.

Die Atmosphäre war gelöst, fröhlich. Wir sangen Lieder auf Bemba – der Stammessprache unserer Partnerdiözese –, Englisch und Deutsch. Jennifers Vater bedankte sich bei uns und sagte immer wieder, wie geehrt sich die Familie von unserem Besuch fühle. Ich war tief beeindruckt von diesem letzten Abend in Sambia.[23]

Wenn wir von einer Reise zurückkehren, setzen wir uns an den Küchentisch – Stefan und ich auf die Eckbank, unsere Mutter auf einen Hocker davor –, beten zusammen, essen zu Abend und erzählen, was wir erlebt haben. Nach einer Stunde unterbricht Mama: »Wie wäre es mit einer Pause?« Wir holen

Äbbelwoi und Bier aus dem Kühlschrank. Ich stelle die Chips-
dosen auf den Tisch. In jeder sind 50 Gramm, weil ich wegen
meines Diabetes nicht mehr essen darf und Stefan nicht mehr
essen möchte als ich. Mama nimmt die Steingutkrüge aus dem
Schrank und stellt sie auf den Tisch. Stefan kriegt Malzbier,
Mama normales und ich Äbbelwoi, weil der nicht so viele
Broteinheiten hat. »Klack, klack« machen die Krüge beim An-
stoßen, und dann erzählen wir weiter, und es dauert lange, bis
uns nichts mehr einfällt – eigentlich fällt uns immer noch was
ein.

Stefan und Christof Müller mit Bischof Valentine

Leben, das stärker ist

Im Frühjahr 2015 bekam ich den Auftrag, einen Artikel über das Deutsche Katholische Blindenwerk zu schreiben. Es fasziniert mich, dass sich Menschen, die blind sind, weltweit für andere, denen es genauso geht, einsetzen. Auch nach dem Erscheinen des Artikels telefonierte ich noch öfter mit meiner Auskunftgeberin aus dem DKBW-Vorstand. Wir mögen uns. »Können Sie sich vorstellen, im Sommer zu unserer Internationalen Begegnungswoche nach Landschlacht in der Schweiz mitzukommen?«, wollte sie eines Tages wissen. Ich überlegte nicht lange und sagte zu.

Die Veranstaltung rückte näher. Ein blinder Lehrer aus dem Nachbarort, der auch angemeldet sei, könne mich auf seinem Bahnticket als sehende Begleitperson mitnehmen. Der Lehrer würde es auch ohne mich an den Bodensee schaffen, er reise häufig und besitze einen hervorragenden Orientierungssinn, beschwichtigte meine Kontaktperson meine unausgesprochene Sorge, ob ich das hinkriege. Sie vermittelte den Kontakt zu Christof Müller, und wir e-mailten.

Fast zeitgleich bekam ich eine Anfrage für einen Artikel zum Thema Inklusion. Ich fragte Christof, ob ich ihn einen halben Tag in der Schule begleiten und darüber schreiben dürfe. Er war einverstanden.

Es ist Dienstagmorgen. Ich stecke mir Block, Stifte, Diktier-gerät und Fotoapparat in den Rucksack. Dann hole ich Chris-tof mit dem Auto ab, und wir fahren zur Schule. Er schlägt mit seinem weißen Stock vor sich hin und her und spurtet durch die Gänge. Ich bemühe mich dranzubleiben. Im Unterricht mache ich mir Notizen, fotografiere und befrage in der Pause zwei Schülerinnen, die mir gerne Auskunft über ihren Lehrer geben. Daheim schreibe ich den Artikel.

Wenige Wochen später brechen Christof und ich nach Landschlacht in der Schweiz auf und verbringen dort mit an-deren Nichtsehenden und Sehenden eine Woche unter dem Motto »Bring dich ins Spiel«. Schnell ans Herz gewachsen ist mir das barrierefreie, lichtdurchflutete Haus mit Hallenbad, umgeben von einem Park mit Kiefern und Buchen, in deren Schatten man »Showdown« – Blindentischtennis – spielen, Stockbrot grillen oder einfach nur sitzen und ein Glas Wein trinken und reden kann. Die vorbereiteten Impulse und Spie-le, in denen es darum geht, Leichtigkeit ins Leben zu bringen, geben mir viel. Das gemeinsame Singen und Beten am Mor-gen schenkt uns allen einen positiven Start in den Tag.

Hellgelb leuchtet das Internationale Blindenzentrum (IBZ) in der Nachmittagssonne, als wir auf der Wiese zwischen dem Teich und dem Haus spielen: Wassertragen, ohne zu verschüt-ten; einen Ball auf gespannten Handtüchern weiterhüpfen lassen; sich, nach Geburtsjahren sortiert, in einer Reihe auf-stellen.

Von magischer Anziehung ist der nahe See. In den Mittags-pausen laufen wir Wasserratten aus der Gruppe in einer Vier-telstunde hinunter zur Badestelle, halten uns an den Händen, staksen gemeinsam über Steine ins Wasser, schwimmen in wei-ten Zügen und helfen uns danach gegenseitig wieder heraus. Für Menschen mit Sehbehinderung ein seltenes Vergnügen.

Wieder zu Hause vom Bodensee, fühle ich mich wie amputiert. Ich vermisse die anderen. Ich sitze an meinem Schreibtisch und versuche, Eindrücke, Gedanken und Gefühle zu sortieren. Habe ich jemals in einer Woche so viel gelacht? Geweint habe ich auch, nämlich als mir klar wurde, welche Kämpfernaturen die sehbehinderten Teilnehmenden sind und wie unfair es ist, dass sie sich mit so gravierenden Problemen herumschlagen müssen. Geschämt habe ich mich, als am letzten Tag am Bodensee bei unserem selbst zusammengestellten Quiz meine Frage vorgelesen wurde: »Was ist auf dem Bild gegenüber der Rezeption zu sehen: a) ein Bein, b) ein Auge, c) ein Baum?«, und jemand murmelte: »Wieder so eine typische Sehenden-Frage.« Eine Leiterin tröstete mich später: »Kein Grund, sich zu schämen, so haben die blinden Teilnehmenden wenigstens erfahren, was für ein Bild im Foyer hängt.«

Ein westafrikanisches Morgengebet fängt das Gefühl der Woche ein: »Herr, ich werfe meine Freude wie Vögel an den Himmel. Die Nacht ist verflattert, und ich freue mich am Licht ...«[24]

Im Herbst fahre ich mit Christof nach Hildesheim zur Tagung der Arbeitsgemeinschaft der katholischen Blindenvereinigungen im deutschen Sprachraum. Ich schätze ihn sehr als Reisegefährten. Er bucht die Tickets rechtzeitig, weiß genau, wann welcher Zug wo abfährt und worauf zu achten ist. Er hat ein unglaublich gutes Gedächtnis. Man kann sich ihm getrost anvertrauen. »Geführt führt er andere«, hat ein Freund über ihn gesagt. Indem ich Christof erzähle, was ich sehe, erlebe ich meine Umgebung intensiver. Ich nehme mehr und anders wahr als sonst.

Auf der Reise nach Hildesheim ist er konzentriert, wie immer. Ich bin einen Moment unaufmerksam, und dann erlebe ich ein kleines Wunder.

Da muss es doch sein. Meine Hand tastet jede Falte der oberen Außentasche des Rucksacks ab, den ich den ganzen Tag herumgeschleppt habe. Aber da ist es nicht. In der unteren Außentasche nicht, nicht auf dem Schreibtisch, nicht in der Jackentasche. Ich stolpere aus dem Zimmer und klopfe an die Türe gegenüber: »Christof, du musst mir helfen. Mein Handy ist weg.«

Begonnen hatte die Reise an einem Freitagnachmittag im Taunus. Christof wollte ursprünglich eine Bahn früher nehmen, weil es in den Tagen vorher immer wieder Verspätungen gegeben hatte. Auch unsere Bahn kam stark verspätet. Häufig bummelte sie auf der Strecke, beschleunigte kurz, bremste wieder; Christof wippte gegen Ende der Fahrt vor und zurück, als wolle er den Zug anschieben. Er klappte seine Armbanduhr auf, befühlte die Zeiger, klappte sie wieder zu. Weil er jeden Tag mit der Bahn fährt, wusste er, dass uns am Hauptbahnhof die Zeit zum Umsteigen knapp werden würde. Weitere zehn, sich schier ins Endlose dehnende Minuten wartete die Bahn im Tunnel am Eingang zum Bahnsteig. Fünf blieben uns am Ende noch, um vom S-Bahn-Gleis unten zum Ferngleis oben zu kommen.

Die Türen der S-Bahn glitten auseinander, wir drängten hinaus, Christof hinter mir, die Hand an meinem Rucksack. »Rolltreppe«, rief er, »Aufzug ist falsche Richtung.« Wir rannten zur Treppe, rechts Schlange, links freie Bahn. Wir hasteten hinauf, ich meinen Koffer vor mir, Christof hinter mir, am Arm die Reisetasche. Oben im Bahnhof kreuzten Leute von links, von rechts, drängten zwischen uns durch, blieben abrupt stehen. Ich hielt den rechten Arm wie einen Schild vor mich und brüllte: »Ausweichen!« Die Leute starrten mich an, als hätte ich den Verstand verloren.

»Egal, die siehst du nie wieder«, tröstete Christof mich später. So rasten wir zu Gleis vier. Da, unser Zug, die erste Tür, rein ins Bordbistro. Vorbei an Menschen, Koffern, Jacken, Taschen, die in Gängen lagen, kämpften wir uns zu den von Christof reservierten Plätzen. Dort hatte sich ein älteres Paar niedergelassen. Als wir unsere Reservierung zeigten, wickelten sie ihre Brötchen ein, zerrten die Koffer herunter und zogen weiter. Wir ließen uns in die Sitze plumpsen: Wie gut, dass wir nicht mehr umsteigen mussten.

Nachdem ich mich am Abend nach der Ankunft in unserem Quartier davon überzeugt habe, dass mein Handy wirklich nicht in meinem Gepäck ist, rufe ich mit Christofs Mobiltelefon meinen Mann an, der meint, daran könne er mitten in der Nacht auch nichts ändern. Christof wählt seine Mutter an, die verspricht, das Handy am nächsten Morgen verloren zu melden. Dann schaltet er sein Telefon aus. Ich tappe in mein Zimmer, schließe die Tür und schaue mich um: ein Schreibtisch, ein Schrank, ein Bett, darüber ein Kreuz aus hellem Holz mit einer schwarzen Christusfigur aus Metall mit gesenktem Kopf. Auf dem Nachttisch eine Bibel. Ich schlage sie auf und lese bei Matthäus von den letzten Tagen Jesu in Jerusalem:

»Als er am Morgen in die Stadt zurückkehrte, hatte er Hunger. Da sah er am Weg einen Feigenbaum und ging auf ihn zu, fand aber nur Blätter daran. Da sagte er zu ihm: In Ewigkeit soll keine Frucht mehr an dir wachsen. Und der Feigenbaum verdorrte auf der Stelle.

Als die Jünger das sahen, fragten sie erstaunt: Wie konnte der Feigenbaum so plötzlich verdorren? Jesus antwortete ihnen: Amen, das sage ich euch: Wenn ihr Glauben habt und nicht zweifelt, dann werdet ihr nicht nur das vollbringen, was ich mit dem Feigenbaum getan habe; selbst wenn ihr zu diesem Berg sagt: Heb dich empor und stürz dich ins Meer!, wird es geschehen. Und alles, was ihr im Gebet erbittet, werdet ihr erhalten, wenn ihr glaubt.« (Matthäus 21,18–22)

Als ich endlich im Bett liege, kreisen meine Gedanken: »Wenn jemand mein Handy gefunden und die Karte herausgenommen hat, kriege ich es nie wieder. Aber wenn Berge ins Meer stürzen, weil man glaubt, kann dann nicht auch ein Handy wiederauftauchen?« Ich schaue hinauf zum Kreuz: »Sag was!« Jesus blickt mich an. Auf einmal bin ich mir sicher, dass ich mein Handy wiederbekomme. Im Traum spurte ich einem Gauner hinterher, der mein Telefon geklaut hat.

Beim Aufwachen fällt mir der vorherige Abend ein. Ich hatte im Zug meinem Mann eine Nachricht geschrieben und war dann zur Toilette gegangen, das Handy noch in der Hosentasche. Ich wollte vermeiden, dass es ins Klo platschte, also habe ich es neben das Waschbecken gelegt und gedacht: »Hoffentlich vergesse ich es nicht.« »Nicht« registrieren Gehirne aber nicht. Nach dem Händewaschen wanderte ich an den Platz zurück. »In wenigen Minuten erreichen wir Hildesheim Hauptbahnhof. Ausstieg in Fahrtrichtung links«, hatte die Stimme des Zugführers aus dem Lautsprecher geknarzt. Christof hievte seine Tasche herunter, und wir gingen zum Ausstieg.

Während der Tagung bietet mir eine Bekannte an, ich könne von ihrem Telefon aus daheim anrufen. Mein Mann berichtet, dass er am Vorabend meine Mobilnummer angerufen und mit dem Zugbegleiter geplaudert hat, der ihm versprach, das Telefon zu uns nach Hause zu schicken. Als ich am Sonntagabend heimkomme, liegt es da, als wäre es nie weg gewesen.

Ich gebe zu, manchmal bin ich etwas schusselig. Schusseligkeit können sich Maria, Stefan und Christof überhaupt nicht leisten, denn das könnte lebensgefährlich werden. Sie sind präsent und geben alles, wie auch diese Unternehmung zeigt:

Als Stefan wieder einmal bei seiner Familie zu Besuch ist, laden sie mich ein, mit ihnen gemeinsam einen Ausflug zum

Markt zu machen. Um neun Uhr hole ich Maria zu Hause ab. Christof und Stefan sind schon losgelaufen. Wir besuchen einen Krämermarkt auf einer Wiese, wo früher ein Römerkastell stand. Noch bevor wir in den Ort kommen, ist ein Parkplatz angeschrieben. Wir biegen dort ab, Maria möchte es so, auch wenn Christof uns eigentlich eine andere Anweisung gegeben hat. Außer mir nennen sie alle »Mariechen«, aber ich finde, »Maria« passt viel besser zu ihr, weil sie selbstbewusst ist, weil sie weiß, was sie will, und das auch sagt. Sie erzählte mir, als Kind habe sie sich »Mariechen Maria« genannt, weil sie – wie ihre Schwestern – zwei Vornamen haben wollte.

Am Parkplatz reicht sie mir ihren Schwerbehindertenausweis, den ich dem Mann mit der orangenen Sicherheitsweste hinhalte. Er erlaubt uns, auf den mit rot-weißem Band abgesperrten Parkplatz zu fahren. Da klingelt mein Handy: Christof. Er und Stefan stehen am entgegengesetzten Ende des Marktes. Ich bin aber nicht in der Lage, ihm zu erklären, wo wir uns genau befinden. »Lass uns erst schnell parken, dann melde ich mich wieder«, bitte ich ihn.

Doch das ist leicht gesagt. Erst darf ich nicht abbiegen, wo ich will, und muss einen kilometerweiten Bogen durch den Wald fahren. Wieder am Parkplatz angekommen, beschweren wir uns bei dem Herrn in der Warnweste, dass wir komplett im Kreis fahren mussten. Nun hält er uns das Flatterband hoch, wir parken, steigen aus und gehen zum angrenzenden Weg. Da stehen Christof und Stefan vor uns. Sie haben uns hier – weit entfernt vom vereinbarten Treffpunkt – gefunden.

Ich bin baff.

Christof holt den Einkaufszettel in Blindenschrift aus der Hosentasche und liest vor. Wir gehen los, denn die Liste ist lang. Maria henkelt bei mir ein, Christof hält sich an meinem Rucksack fest, Stefan packt Christof am Ellenbogen und geht als Letzter. Maria bittet mich, ihr zu sagen, was es an den Ständen gibt. Stefan trägt die Reisetasche, in der wir die Einkäufe verstauen wollen, und hält sich aus allen Diskussionen heraus. Wir wählen den Seitengang, weil dort laut Maria alles günstiger ist. Sie braucht Glückwunschkarten. Ich lese Sprüche vor, beschreibe Bilder, suche aus. An einem Stand mit Lederwaren kaufen wir einen schwarzen Gürtel für Christof. An einem Kräuterstand erstehen wir getrocknete Petersilie und Schnittlauch, Salbei und blaue Malvenblüten. Um elf sind wir reif für eine Pause. Ich entdecke mitten an einem Biertisch vier freie Plätze. Dem Paar, das außen sitzt, versuche ich zu erklären, dass es praktischer wäre, sie würden hineinrutschen, aber das wollen sie nicht.

Christof und Stefan klettern in die Lücke, Maria und ich gehen Rippchen mit Kraut holen. Bratwurst mit Pommes gebe es überall, findet Maria, und Abwechslung im Essen ist ihr wichtig. Also suchen wir einen Stand, der Rippchen hat, was eine Weile dauert. Ein belegtes Brötchen für mich lassen wir einwickeln und stopfen es in Marias Tasche. Die zwei Teller für Stefan und Christof trage ich, Maria den dritten. Sie hält sich hinten an meiner Gürtelschlaufe fest, und wir trippeln zum Platz zurück. Der Mann, der am Rand sitzt, lässt uns rein. Maria, Stefan und Christof sind schnell fertig, denn sie nehmen ihr Rippchen in die Hand und beißen ab. Dann gehe ich, um gespritzten Äbbelwoi am Stand gegenüber zu besorgen. Da steht auf einmal die Tischnachbarin neben mir auf und fragt, ob sie helfen kann. Viele merken erst nach einer Weile, dass Maria, Stefan und Christof blind sind.

Als wir aufbrechen, sprechen uns noch Verwandte von den Müllers an, und Stefan wird von einem Pfarrer begrüßt. »Ich liebe Gedränge«, ruft Maria auf dem Rückweg. Sie besucht jedes Jahr den Frankfurter Weihnachtsmarkt. Alle seien viel freundlicher als sonst, unterhielten sich mit Fremden und ärgerten sich nicht, wenn man anstoße.

Im Auto auf der Heimfahrt fasse ich mir ein Herz und frage die drei, ob ich ein Buch über ihre Familie schreiben dürfe. »Das kommt aber plötzlich«, findet Maria und bittet um Bedenkzeit.

Daheim angekommen, findet Christof seinen Rucksack nicht, weil ich meinen davorgestellt habe. »Mit solchen Problemen kämpfen wir«, lacht Maria. Ich sage, was in den eingekauften Päckchen drin ist, Christof schreibt mit der Stenomaschine Streifen in Punktschrift, die Maria an die Lebensmittel klebt. Am Wochenende sind alle zu einer Hochzeit eingeladen. »Wir wünschen euch, dass das Feuer eurer Liebe nie erlischt«, diktiert mir Stefan die Hochzeitskarte an die Braut, eine Nichte, deren Zukünftiger Feuerwehrmann ist. Ich suche an der Wäscheleine im Garten zwei weiße Hemden für Christof und Stefan heraus, dann verabschiede ich mich. Maria fährt mit in den Nachbarort, wo ich sie an der Bank absetze. Sie komme jetzt allein zurecht, meint sie, klappt ihren Stock aus, wir drücken uns, sie bedankt sich und ist im Gebäude verschwunden.

Ein paar Tage danach ruft Christof an und gibt mir grünes Licht für mein Buch. In der langen Phase der Recherche und des Schreibens ist er immer ansprechbar und vermittelt. Ohne ihn würde es dieses Buch nicht geben.

Um mehr darüber zu erfahren, wie Stefan lebt, besuche ich ihn in Hadamar. Nachdem ich mich im Gästezimmer des Pfarrhauses einquartiert und kurz mit ihm gesprochen habe, laufe ich am späten Morgen hinauf auf den Mönchberg zur Euthanasie-Gedenkstätte, wo während der Zeit des Nationalsozialismus mindestens 14 494 Menschen ermordet wurden. Einheimische stehen an der Straßenecke vor einem Geschäft und unterhalten sich, ein Sonnenhungriger sitzt schon auf dem Balkon. Ich brauche nur fünf Minuten für den Weg.

Wie nah das Haus am Ort ist.

Ich öffne die Türe, biege im Flur rechts ab. Gleich im Eingang liegt der Ausstellungskatalog, ein dickes Buch, angebunden. Ich schlage es in der Mitte auf: Emilie Rau, eines der vielen Opfer, lächelt mich von einem Schwarz-Weiß-Foto an. Sie steht mit ihrer Familie auf einer Wiese zwischen Obstbäumchen. Ihre dunkelblonden Haare sind zu einem Pferdeschwanz zusammengebunden. Sie trägt eine weiße Bluse mit Blümchen und einen schwarzen, langen Rock. Ihre Arme verschränkt sie hinter dem kräftigen Rücken. Neben ihr ein Junge – ihr wie aus dem Gesicht geschnitten – in kurzen Hosen, weißem Hemd, Anzugjacke und Krawatte, die Hand in die Hüfte gestemmt. Hinter ihr ein Mann im Anzug und eine Frau im schwarzen Kleid, vielleicht die Schwägerin.

In dem Buch ist ihre Geschichte erzählt. Emilie Rau kam 1891 in Alsfeld zur Welt, heiratete den Polizeisekretär Christian und bekam vier Kinder mit ihm. 1931 litt sie zum ersten Mal an Verwirrungszuständen und Depressionen. Aufenthalte in der Universitätsnervenklinik in Frankfurt und anderen Einrichtungen folgten. Besuche verwehrte man ihren Verwandten meist. Einen Spaziergang am Tag der Silberhochzeit mit ihrem Mann erlaubte man nicht, weil sie unter das »Gesetz zur Verhütung erbkranken Nachwuchses« fiel und nicht sterilisiert war. Am 26. Januar 1941 schrieb sie diese Karte an ihren Gatten:

»Mein lieber Mann! Habe von Mariechen ein Paket erhalten und mich sehr gefreut, daß [es] wieder Kuchen und Wurst gab. Ein Bild enthielt es auch … und auch sehr gefreut, das es ihnen alle[n] noch gut geht. Lieber Mann[,] mir geht es Gesundheitlich

noch gut das selbe hoffe ich auch von Dir und ... Erich und Karl-
heinz. Mein lieber Mann [,] will ich meine Karte für Heute
schli[e]ßen auf die Hoffnung [,] das[s] es Euch gut geht. Es grüßt
dich und küs[s]t dich deine Frau Emilie R. Bitte schreibe mir
bald ...«[25]

Das war ihr letztes Lebenszeichen. Am 21. Februar 1941
verlegte man sie in die Landesheilanstalt Hadamar. Am selben
Tag töteten Mitarbeiter sie und die anderen gerade Angekommenen in einer als Dusche getarnten Gaskammer und
verbrannten die Leichname. In der Todesnachricht an ihre
Familie fälschten die Mitarbeiter Todesort und -datum, um zu
verschleiern, wie man in den insgesamt sechs Tötungsanstal-
ten, von denen in Hadamar eine war, vorging.[26]

Ich steige den Berg wieder hinunter in den Ort, setze mich im
Pfarrhaus an den Schreibtisch und klappe meinen Laptop auf.
Doch ich kann mich auf nichts konzentrieren. Mir wird eiskalt, weil ich darüber nachdenke, dass in ganz Europa etwa
300 000 behinderte und kranke Menschen systematisch ermordet wurden. So etwas darf nie wieder geschehen.

Am Nachmittag gehe ich mit Stefan die Wege über die Felder
zwischen seinen Kirchorten. Er muss eine Beerdigung halten.
Unterwegs hält er sich an meinem Ellenbogen. Er ist ein
schneller Fußgänger, und ich habe den Eindruck, er schiebt
mich. Am ersten steilen Anstieg bremse ich ihn. Bald haben
wir uns eingespielt. Der Wind treibt Nieselregen vor sich her.
Ich ziehe meine Kapuze tiefer. Stefan hält dem Wetter sein
schmales Gesicht entgegen. An einer Stelle stapfen wir durch
Matschrinnen, die ein Traktor gegraben hat, zwischen Weide-
zäunen den Hang hoch. Unterwegs sprechen ihn Leute an: ein

Bauer mit Güllefass, dessen Kollege kürzlich gestorben ist; ein Mann im Minivan, dessen Schwester Stefan gerade beerdigt hat; ein jüngerer Herr mit Hund, der Stefan hin und wieder zum Zug mitnimmt. »Ich falle auf als Blinder«, erklärt Stefan. Ich habe den Eindruck, die Leute mögen ihn. Unsere Schuhe sind dreckig, als wir ankommen. Stefan hat in der Kirche ein sauberes Paar stehen, in das er schlüpft, über die Hose fällt das Priestergewand.

»In der Taufe empfangen wir den Heiligen Geist, der uns zu Gottes Kindern macht, und Gott sagt uns das ewige Leben zu. Ein Leben, das stärker ist als der Tod. Gott nimmt die Zusage, die er bei der Taufe gegeben hat, bei unserem Tod nicht zurück – im Gegenteil, er bekräftigt sie.«

Diese Sätze aus Stefans Predigt bei der Beerdigung bleiben bei mir hängen. Wie das gehe, dass wir trotz Leid und Tod glauben können, dass wir Gottes geliebte Kinder sind, fragt er in seiner Ansprache. Eltern sind nicht in der Lage, jeden Schmerz von ihren Kindern fernzuhalten, aber sie trösten sie. Genauso können wir in Leid und Krankheit an Gott glauben. Draußen auf dem Friedhof spritzt er dreimal Weihwasser ins offene Grab – »der Küster passt auf, dass ich in die richtige Richtung spritze und nicht ins Loch falle«, erklärt er mir hinterher lachend.

Tags darauf sitze ich in der Kirche in der ersten Bank. Stefan feiert mit der Gemeinde Sonntagsgottesdienst. Ein schwerbehinderter Junge trägt eine große Kerze und führt mit seiner Mutter den Einzug von Pfarrer, Diakon und Ministrantinnen an. Er gehört zu den Kommunionkindern, die die Kerze gestaltet haben. Auf dem Altar stellt er sie ab, dann setzt er sich mit Mutter und Katechetin in die erste Bank. Sie halten ihn abwechselnd auf dem Schoß. Stillsitzen fällt ihm schwer. Während der heiligen Messe wandert die Mutter oder die

Katechetin mit ihm immer wieder den Gang entlang. Bis ins Kirchenschiff war Stefans Stimme zu hören, als er das Kind überschwänglich in der Sakristei begrüßte.

Nach der Messe begleite ich Stefan zu einem 85. Geburtstag. Die Jubilarin lässt seine Hand nicht los, als er sich nach einer Stunde intensiver Gespräche verabschiedet.

Guck doch

Wieder zu Hause, besuche ich mit Christof und seiner Mutter einen Gottesdienst. Es ist Allerheiligen, und Maria singt mit dem Chor. Mit ihren knapp 80 Jahren ist sie eine der Jüngsten. Die Gemeinde feiert in der Pfarrscheune, dem ältesten Gebäude im Dorf, weil die Kirche noch renoviert wird. Maria setzt sicher ein und singt laut. Dabei lächelt sie und schaut nach oben.

Ich weiß, es ist nicht dunkel in ihren Augen.

»Ich bin kein Trauerkloß, weil ich immer hell hab. Sogar wenn ich die Augen zupetze, ist es, als ob die Sonne scheint«, hat sie mir anvertraut. Ein schmaler Ordner liegt auf ihrem Schoß. Sie ist mit ihren Fingern unterwegs auf den Liedtexten und ertastet die Punkte, die sie mit der Schreibmaschine ins Papier gedrückt hat. Schon vor dem nächsten Einsatz blättert sie.

Christof gähnt, er hat einen langen Schultag hinter sich. Unter seinem Stuhl liegen zwei handbreite Ordner mit Auszügen aus dem neuen Gotteslob. Die meisten Lieder singt er auswendig. Seinen Tenor hört man heraus. Beim Friedensgruß streckt er, wie Maria, die rechte Hand aus. Ich ergreife sie. Sein Händedruck ist fest. Er ist nicht groß, wirkt aber so, weil er sich gerade hält. Seine dunkelbraunen Augen schauen mich an, und ich weiß, er nimmt mich wahr, auch wenn er mich nicht sieht. Marias rechte Nachbarin ist ein paar Schritte weitergegangen; deshalb greift sie ins Leere. Sie wartet mit ausgestreckter Hand.

Es ist Dezember. Maria hat mich zu ihrem Geburtstag eingeladen. Christof öffnet mir die Haustüre. Er hat eine Beule an der Stirn, weil er auf dem Heimweg von der Schule im tiefen Schnee vom Weg abgekommen und mit dem Kopf an einen Baum gestoßen ist. Stefan begrüßte mich beim letzten Treffen mit einer Platzwunde über der rechten Augenbraue, einem Grind an der Nase, und von einem Schneidezahn fehlte eine Ecke. Ebenfalls ein Unfall. »Das ist der Preis für meine Selbstständigkeit«, winkte er ab. Verhindern lasse sich so etwas nicht. Schilder, die in Kopfhöhe auf den Gehsteig ragten, oder Spiegel von geparkten Lastern seien gefährlich. Einen Zahnarzttermin habe er schon, die Platzwunden heilten von alleine – wenn auch nicht mehr so schnell wie früher.

Maria kommt aus dem unteren Wohnzimmer, das sie 1957 – wie alle anderen Räume des Hauses – auf kariertes Papier gezeichnet hat. »Ich freue mich auch, dass ich dich wiedersehe«, ruft sie. Ich beuge mich zu ihr hinunter. Von ihren 157 Zentimetern hat sie inzwischen ein paar eingebüßt. Ihre Arme umschließen mich. Weil Maria Musik liebt – sie trat als junge Frau mit ihrer Freundin als Duo »Traute Heimat« auf –, singe ich ihr »Viel Glück und viel Segen«. »Du traust dich«, lobt sie.

Stefan ist schon im Wohnzimmer und hat mich an der Stimme erkannt. Er hält meine Hand, während wir reden. Dann setzt er sich aufs Sofa an den Tisch mit den Goldrandtellern, damit er niemandem im Weg ist. Zita, Marias Freundin, ist mit dem Auto aus dem Schwarzwald gekommen. Seit zehn Jahren feiern sie miteinander Weihnachten. Jedes zweite Jahr bringt sie ihre eigene Krippe mit und baut sie auf dem

Tisch am Fenster auf. Dahinter steht ein Tannenbaum in einem weißen Eimerchen. »Zita und ich haben ihn im Garten mit der Erde ausgegraben«, verrät Maria, »und weil er nicht in den Ständer gepasst hat, haben wir ihn eingetopft.« Das mit Kugeln und Lametta geschmückte Bäumchen strahlt im Glanz der elektrischen Kerzen. Im Fenster leuchtet ein Schwibbogen, im Nebenzimmer noch einer. »Wir wollen alles so normal wie möglich haben«, erklärt das Geburtstagskind. Wir trinken Kaffee und essen Linzer Torte, die Zita für ihre Freundin gebacken hat. Als es nach einer Stunde klingelt und noch zwei Freundinnen ankommen, hole ich einen Stuhl mit Lehne aus der Ecke und stelle ihn an den Tisch. Maria will ihren eigenen für die Freundin mit Rückenproblemen hergeben. »Ich habe schon einen hingestellt, guck doch«, rufe ich ihr zu. Schon wieder habe ich vergessen, dass sie nicht sieht. Sie lächelt, setzt sich, legt ihre Hände einen Moment in den Schoß, bevor sie mich mit den neu angekommenen Frauen bekannt macht. Ihr Ehering, den sie seit 1965 am Finger hat und der das falsche Verlobungsdatum trägt, weil die Reise nach Banneux damals um eine Woche verschoben wurde, geht nicht mehr über die geschwollenen Knöchel. Mit Josef kann sie ihr Leben seit 30 Jahren nicht mehr teilen. Sein Grab ist eingeebnet, der Stein liegt auf dem Grab ihrer Eltern. »Wenn er doch da wäre«, seufzt Maria. Sie bekommt an seinem Geburtstag im Februar immer noch Anrufe von Menschen, die an ihn denken. Sonst höre ich kein Bedauern in ihrer Stimme: »Ich würde alles wieder genauso machen.«

Ich frage Stefan, was er sich als Drittes wünschen würde, wenn die berühmte Fee noch einmal käme. Er grinst: »Miterleben, wie Eintracht Frankfurt Deutscher Meister wird.« Zu seinem runden Geburtstag hat er einen Eintracht-Schal geschenkt bekommen. Noch glücklicher ist er, dass er statt

Geschenken einen größeren Betrag für die Sambia-Projekte sammeln konnte. Sein Bruder hält es genauso. Der neue Rauchabzug kann nun ins Küchenhaus der Franziskanerinnen, die sie in Sambia besucht hatten, eingebaut werden. Er wird den Qualm absaugen, damit die Mütter und die Babys auf ihrem Rücken gesund bleiben.

Beim Gehen verabrede ich mich mit Maria für die kommende Woche. Wenn ich zu ihr fahre, kaufe ich unterwegs für sie ein, falls sie etwas braucht. Auch Nachbarinnen bringen öfter Lebensmittel mit.

Maria zeichnet mit dem Messer ein Kreuz über das mitgebrachte Brot, bevor sie es in zwei Hälften schneidet, um es einzufrieren. Sie schaltet den Boiler an, das Wasser blubbert. Wenn sie den Hahn aufgedreht hat, hält sie inne, und auch ich bin still. Die Tropfen plätschern in die Glaskanne mit den Teebeuteln. Sie hört, wenn sie voll ist. Hefekuchen, den Maria im Backofen angewärmt hat, steht neben der Spüle. Ich schneide ihn in Stücke und stelle ihn auf den Tisch. Dann lasse ich mich auf der Eckbank nieder, gieße Tee ein und lege ihr und mir ein Stück Kuchen auf den Teller. Ich beiße hinein, kaue und schließe die Augen. Gleich wird Maria meine Fragen beantworten, und ich werde mitschreiben, doch im Moment sitze ich nur da und fühle mich wie daheim. Immer wenn ich hier bin, spüre ich eine Wärme, eine Offenheit und Zufriedenheit, die mich berühren. Ich weiß, woran das liegt: Maria, Christof und Stefan begreifen sich als geliebte Kinder Gottes. Genau wie ich.

Wir sind Freunde.

»Denn du hast mein Inneres geschaffen,
mich gewoben im Schoß meiner Mutter.
Ich danke dir, dass du mich so wunderbar gestaltet hast.
Ich weiß: Staunenswert sind deine Werke.

Als ich geformt wurde im Dunkeln,
kunstvoll gewirkt in den Tiefen der Erde,
waren meine Glieder dir nicht verborgen.
Deine Augen sahen, wie ich entstand,
in deinem Buch war schon alles verzeichnet;
meine Tage waren schon gebildet,
als noch keiner von ihnen da war.«

Psalm 139,13–16

NACHWORT

Wenn Menschen mir ihre Geschichte erzählen, bekomme ich große Ohren, und es kribbelt mich in der Schreibhand. Berührung mit blinden Menschen hatte ich vorher nicht. Mariechen, Stefan und Christof haben mich in ihr Leben gelassen. Ich habe versucht, herauszufinden, warum sie fröhlich sind, obwohl sie allen Grund zum Jammern hätten. Diese Familie berührt mich im Herzen. Sie haben es nicht leicht. Mariechens Kindheit in der Nazizeit hätte um ein Haar ein schlimmes Ende gefunden. Das Leben dieser drei mutigen Menschen lässt mich nicht los. Ich will, was ich erfahren habe, nicht für mich behalten.

Jutta Hajek

DANKE

Ich bedanke mich von Herzen bei Maria, Stefan und Christof Müller für ihr Vertrauen, ihre Freundschaft und ihre Zeit.

Allen, die mich beim Schreiben begleitet und mir Rückmeldungen gegeben oder nach meinem Buch gefragt haben, merci vielmals. Ohne eure Ermutigung unterwegs wäre ich womöglich nicht angekommen.

Ich danke meiner großen, wunderbaren Familie, besonders meinem Mann Hans-Jürgen und meiner Tochter Annika, die mich immer unterstützt haben.

Vielen Dank der freien Lektorin Alexandra Link für ihre dramaturgische Beratung.

Herzlichen Dank dem Verleger Stefan Wiesner, der an mein Projekt geglaubt hat. Last, but not least danke ich meinem Lektor Nicolas Koch. Mit seinen Ideen haben wir dem Buch den letzten Schliff gegeben.

- Dachverband der Selbsthilfevereine des Blinden- und Sehbehinderten-wesens: Deutscher Blinden- und Sehbehindertenverband e.V. (DBSV): www.dbsv.org
- Arbeitsgemeinschaft der katholischen Blindenvereinigungen im deutschen Sprachraum; Landesverbände:
- Deutsches Katholisches Blindenwerk e.V. (DKBW): www.blindenwerk.de (mit deutschen Regionalwerken)
- Blindenapostolat Österreich (BAÖ): www.blindenapostolat.at
- Blindenapostolat Südtirol: www.apostolat.blindenzentrum.bz.it
- Schweizerische Caritasaktion der Blinden (CAB): www.cab-org.ch
- Mediengemeinschaft für blinde, seh- und lesebehinderte Menschen e.V.: www.medibus.info
- Deutsche Blindenstudienanstalt e.V. (blista): www.blista.de
- Verein Anderes Sehen e.V.: www.anderes-sehen.de
- Bundesverband der Rehabilitationslehrer/-lehrerinnen für Blinde und Sehbehinderte e.V.: www.rehalehrer.de
- Selbsthilfevereinigung von Menschen mit Netzhautdegenerationen: Pro Retina Deutschland e.V.: www.pro-retina.de
- Bundesministerium für Arbeit und Soziales: www.gemeinsam-einfach-machen.de
- UN-Behindertenrechtskonvention: www.behindertenrechtskonvention.info

QUELLENNACHWEIS

1 Kinderlied aus dem 19. Jahrhundert, gesungen nach der Melodie »Dornröschen war ein schönes Kind«.

2 Österreichische Heimatfilmkomödie von 1957; Regie: Franz Antel.

3 Kolpingwerk Deutschland: katholischer Sozialverband, der Bewusstsein für verantwortliches Leben und solidarisches Handeln fördert. Vgl. www.kolping.de

4 »Theologie im Fernkurs« bietet im Auftrag der Deutschen Bischofskonferenz Kurse im Fernstudium an (www.fernkurs-wuerzburg.de).

5 Singspiel, das anknüpft an Lukas 2,7: »… weil in der Herberge kein Platz für sie war.«; Liedmelodie und Text aus Oberbayern um 1800.

6 Vgl. https://sites.google.com/site/befreiungstheologie/wasist

7 Vgl. www.monumente-online.de/de/ausgaben/2014/6/liturgie-formt-raeume.php

8 1964 von Christian Bruhn und Georg Buschor geschriebener Schlager.

9 Leicht überarbeitete Version eines Artikels von Jutta Hajek, zuerst erschienen in *Die Tagespost. Katholische Wochenzeitung für Politik, Gesellschaft und Kultur* (16.07.2016, Ausgabe Nr. 84), zusätzlich am 15.01.2017 in Ausgabe Nr. 2 der Kirchenzeitungen *Der Sonntag/ Bonifatiusbote/Glaube und Leben*.

10 Neues geistliches Lied; Autor: Wilhelm Willms; Komponist: Peter Janßens.

11 Aus dem Gotteslob. Text der 1. Str.: Duderstadt 1724, Text der 2. bis 4. Str.: Georg Thomai 1963, Melodie: Bamberg 1732/von Melchior Ludolf Herold 1808.

12 Kirchenlied von Huub Oosterhuis; deutsche Übertragung von Lothar Zenetti.

13 Das Gleichnis wird dem Jainismus zugeordnet, einer in Indien im
    5. Jahrhundert v. Chr. entstandenen Religion.

14 Vgl. Examensarbeit *Warum seid Ihr furchtsam, Kleingläubige?*
    Unerschütterlicher Glaube als notwendige Voraussetzung zu
    konsequenter Nachfolge – Mt. 8,23–27 im synoptischen Vergleich
    und in der Komposition des Matthäus von Christof Müller,
    Schlussbetrachtung, 06.07.1992.

15 Geänderte Version eines Artikels von Jutta Hajek, zuerst erschie-
    nen in *Die Tagespost. Katholische Wochenzeitung für Politik,*
    Gesellschaft und Kultur (18.07.2015, Ausgabe Nr. 85), zusätzlich am
    24.07.2015 in Ausgabe Nr. 169 des *Höchster Kreisblatt.*

16 Vgl. Patricia Birkenfeld, Regine Gabriel, Christian Zeuch:
    Materialien der Gedenkstätte Hadamar für den eigenständigen
    Rundgang. Zwangssterilisationen und das ›Gesetz zur Verhütung
    erbkranken Nachwuchses‹, S. 8.

17 Vgl. *Materialien der Gedenkstätte Hadamar für den eigenständigen*
    Rundgang. Eugenisches Denken vor 1933 und die Anfänge der
    NS-Rassenideologie, S. 7.

18 Vgl. *Materialien der Gedenkstätte Hadamar für den eigenständigen*
    Rundgang. Zwangssterilisationen 1933–1945 aufgrund des ›Erb-
    gesundheitsgesetzes‹, S. 8.

19 Vgl. *Materialien der Gedenkstätte Hadamar für den eigenständigen*
    Rundgang. Erste Mordphase (Januar 1941–August 1941), S. 9.

20 Vgl. *Materialien der Gedenkstätte Hadamar für den eigenständigen*
    Rundgang. Zweite Mordphase (1942–1945), S. 10.

21 www.gedenkstaette-hadamar.de/webcom/show_article.
    php/_c-1169/_nr-2/i.html

22 Aus dem Gotteslob. Erste Erwähnung Salzburg um 1150.

23 Vgl. Bericht von der Sambia-Reise von Joachim Sattler; http://
    www.katholischeshadamar.de/download/Pfarrbrief-Sonderaus-
    gabeSambia.pdf

24 Hubert Wurz: *Das indische Sonnengebet.* Pattloch, Augsburg 1996,
    S. 57.

25 Letzte Karte von Emilie R. (privat), zit. nach: Bettina Winter: »Bürokratie des Massenmordes – Die Planung und Durchführung der NS-›Euthanasie‹-Aktion 1939–1941«, in: Landeswohlfahrtsverband Hessen (Hrsg.): *Verlegt nach Hadamar. Die Geschichte der NS-›Euthanasie‹-Anstalt,* 4. Auflage, Kassel 2009, S. 68–117. Hier S. 104.

26 Vgl. www.gedenkstaette-hadamar.de/webcom/show_article. php/_c-1169/_nr-3/i.html

Originalausgabe August 2019
© 2019 bene! Verlag
Ein Imprint der Verlagsgruppe
Droemer Knaur GmbH & Co. KG, München

Lektorat: Nicolas Koch
Covergestaltung: spoon design
Coverabbildung: shutterstock/SSokolov
Bilder im Innenteil: privat; S. 146: Joachim Sattler
Satz: Maike Michel
Druck und Bindung: GGP Media GmbH, Pößneck
Printed in Germany
ISBN 978-3-96340-075-9
5   4   3   2   1